내가 책을 읽는 이유

내가 책을 읽는 이유

기시미 이치로의 행복해지는 책 읽기

기시미 이치로 지음 | 전경아 옮김

INFLUENTIAL
인 플 루 엔 셜

일러두기

- 이 책에 등장하는 도서 중 국내에 번역 출간된 경우는 한국어판 제목만 표기하고, 그렇지 않은 경우는 원서명을 표기했다.
- 본문에서 책이나 잡지, 전집 등은 《 》로, 단편이나 책 속에 실린 작품, 장(章), 논문 등은 〈 〉로 구분했다. 그 외의 작품들은 ' '로 표시했다.
- 이 책에 언급된 인물에 대한 보충 설명은 '•'를 표기하고 본문 하단에 각주로 처리했다.
- 독자들의 이해를 돕기 위한 옮긴이의 주석은 본문 내 괄호 안에 표기했다.

즐겁게 읽으면
그것이 곧 행복이다

중학생 때부터 학교에 가지 않고 10년쯤 자기 방 안에 틀어박혀서 지내던 젊은이가 나를 찾아왔다.

그는 코트 주머니에서 책을 꺼냈다. 미국 작가 폴 오스터(Paul Auster)의 소설이었다.

"폴 오스터의 책을 좋아합니다. 학교에 다니질 않아서 한자를 읽지는 못하지만요. 뭐 이래선 안 된다는 건 알고 있어요."

그러더니 다른 쪽 주머니에서 사전을 꺼내며 이렇게 말했다.

"읽지 못하는 글자가 나오면 사전을 찾아가며 읽고 있습니다."

그가 학교에 다녔더라면 신문이든 소설이든 사전을 찾지 않고도 자유롭게 읽을 수 있었을 것이다.

다만 학교에 다녔더라면 공부하라는 강요를 이기지 못하고 책을 멀리하게 되었을지도 모른다. 그러면 이후로도 쭉 책을 읽지 않게 되었을지도 모른다.

폴 오스터에 관해 열변을 토하는 모습에서 책을 사랑하는 그의 진심이 전해졌다.

이 젊은이처럼 책을 좋아한다고 대놓고 말하는 사람이 그리 많지 않다. 책을 많이 읽어보지 않은 사람에게 "독서는 무엇과도 바꿀 수 없는 인생의 기쁨이요, 즐거움이다"라고 설파하는 것은 늘 어렵게 느껴진다. 추운 겨울날에 더운 여름을 상상하는 것만큼이나 쉽지 않다.

학업을 마치고 일을 하게 되면 자격증을 따거나 승진 시험을 치러야 한다. 그로 인해 자연스럽게 책을 읽어야 하는 때가 온다. 필요에 의해 억지로 책을 읽어야 하니 평소 책을 읽지 않던 사람에게는 고통일 수도 있다.

책을 읽는다고 해도 단순히 기분 전환이나 시간 때우기 용으로 생각하는 사람이 있을지도 모른다. 물론 그런 식으로 책을 읽어도 상관없다고 생각한다. 하지만 기분 전환을 하려면 나가서 놀거나 집에서 텔레비전을 보는 게 낫다. 아무 생각 없이 텔레비전을 시청하는 것과는 달리 독서는 책에 있는 글자에 의식을 집중하지 않으면 안 된다. 때문에 차츰 책을 멀리하게 되는 사람도 있을 것이다.

앞서 말한 젊은이는 무언가 필요해서 책을 읽고 있던 게 아니다. 책이 못 견디게 좋아서, 책을 읽지 않으려야 안 읽을 수 없어서 사전을 찾으면서까지 열중해서 폴 오스터의 소설을 읽은 것이다.

나는 지금껏 책을 읽은 적이 거의 없어서 독서의 즐거움을 알지 못했던 사람에게 독서가 기분 전환 이상의 것임을 알려주고 싶다. 책을 좋아해 마지않는 사람에게는 책 읽는 즐거움을 전하고 싶다.

독서의 즐거움을 경험해보지 못한 사람이라면, 필요도 없는데 굳이 책을 읽으려고 하지 않을 수도 있다.

그런 사람일지라도 승진 시험을 치르거나 업무상 필요해서 책을 읽어야 할 때가 찾아온다. 그럴 때 책에 대한 거부감 없이 독서의 즐거움을 알게 된다면 필요에 의해서 책을 읽는다고 해도 다른 마음으로 대할 수 있을 것이다.

지금은 필요에 쫓겨 책을 읽지 않아도 되는 사람이라면,

오로지 즐거움(기분 전환이 아니다)을 위해서만 책을 읽을 수 있을 것이다. 그러면 독서에 얽힌 학창 시절의 좋지 않은 기억은 사라질지도 모른다.

물론 누구나 학창 시절에 좋지 않은 기억만 갖고 있는 것은 아니다. 돌이켜보면 지금보다 그 시절에 더 열심히 책을 읽은 사람도 많지 않을까?

책을 읽는다고 행복해질 수 있는지는 잘 모르겠다. 하지만 나 자신은 책 읽는 기쁨과 즐거움을 알고 있기 때문에 책을 읽음으로써 행복한 삶을 살고 있다고 말할 수 있다.

적어도 책을 읽으면 지루하지는 않다. 지금, 날마다 시험 공부를 하고 있는 젊은 친구들도 교과서만 읽으며 하루하루를 보내지는 않을 것이다.

이 책에서 나는 맨 먼저 왜 책을 읽는지에 관해 설명할 생각이다. 그다음에는 어떻게 책을 읽을 것인지 내가 읽는 방법을 예로 들어, 또는 지금까지 읽어온 책들을 언급하면서 소개해보려고 한다.

그동안 나는 일본어로 쓰인 책만 읽지는 않았다. 외국어로 된 책도 수없이 많이 읽었다. 원서를 읽는 것은 번역서를 읽을 때와는 어떻게 다른지 원어로 읽는 즐거움에 대해서도 생각해보겠다.

책을 읽는 것에서 그치지 않고, 읽은 내용을 정리하거나 감상을 남기는 사람도 많을 것이다. 그런 활용법에 대해서도 생각해보려고 한다.

책을 읽는다는 것은 넓은 의미에서 사는 것이고, 책을 읽는 것과 사는 것은 떼려야 뗄 수 없다. 책에 대한 이야기를 담고 있지만, 처음부터 끝까지 책 이야기만 하기보다는 사는 것에 대해서도 생각해보려고 한다.

나는 다른 어떤 목적을 위해서가 아니라 그저 즐길 목적으로 책을 읽는 것도 좋다고 생각한다. 산다는 것도 원래 즐거운 법 아닌가. 뭔가를 위해 사는 것이 아니라 사는 것 자체가 인간에게는 행복이다. 독서도 그렇다. 그저 즐겁게 읽으면 그것이 행복한 것이다.

책은 또한 사람과 사람을 연결해준다. 내 서재를 찾은 방문객이 책장에 진열된 책을 보고 그것을 화제 삼아 대화에 활기가 띠는 일도 생긴다. 책장에 꽂힌 책을 보면 그 책장의 주인이 어떤 사람인지 알 수 있다. 그런 이유로 다른 사람에게 자신의 서재를 보여주고 싶지 않은 심정도 충분히 이해가 간다. 어쨌거나 서재의 책을 화제로 삼는 사람이 있으면 책보다 내게 관심이 있는 듯해서 기분이 좋아진다.

예전에 큰 병으로 입원했을 때도 주치의가 병실에 가져온 내 책에 관심을 보여 회진할 때마다 책과 철학에 관해 길게 이야기를 나누곤 했다.

책에만 국한된 것은 아니지만, 책에 대한 대화를 나눌 수 있는 사람이 있다는 것 그리고 그 사람과 책에 대한 이야기를 할 수 있다는 것이 얼마나 더없는 행복인지는 책을 읽는 기쁨을 아는 사람이라면 이해하리라고 생각한다.

어째서 더없는 행복이라고 말할 수 있을까? 책이 사람과 사람을 연결시켜주고, 이로 인해 다른 사람과 연결되어 있다고 느낄 수 있기 때문이다.

나는 오랫동안 오스트리아의 심리학자이자 정신과의사인 알프레드 아들러(Alfred Adler)의 책을 번역하고 아들러 심리학에 관한 책을 써왔다. 아들러는 '분노'라는 감정에 대해 사람과 사람을 갈라놓는 것이라고 말했다. 자신에게 분노를 터뜨리는 사람은 멀게 느껴지기 때문이다.

그에 반해 '기쁨'은 사람과 사람을 이어주는 감정이라고 말했다. 스포츠를 좋아하는 사람이라면 자신의 응원 팀이 승리를 거뒀을 때 한없는 기쁨을 느낄 것이다. 그 기쁨은 내가 느끼는 것을 넘어서서, 같은 자리에 있는 사람은 물론 승리의 기쁨을 느끼는 모든 사람과도 연결된 기분이 든다.

책을 읽을 때 느끼는 기쁨과 책에 관한 대화를 나누는 기뻠도 이와 다르지 않다. 전자는 저자와 연결되어서 느끼는 기쁨이고, 후자는 책을 매개로 다른 사람과 연결되어서 느끼는 기쁨이다.

인간은 혼자서 살 수 없다. 이는 부모의 도움이 필요했던 어린 시절이나 병에 걸리고 나이가 들어서 다른 사람의 도움이 필요한 때에만 해당되는 이야기가 아니다.

성인이 된 지금도 혼자서 살고 있느냐고 하면 그렇지 않다. 설사 홀로 산다고 해도 반드시 누군가와 연결되어 살고 있을 것이다.

그것을 깨달아야 행복해지련만, 사람들과 관계 맺는 것을 두려워하고 사람들과 연결되는 것을 꺼리는 사람이 있다. 이런 사람들은 바로 앞에서 심한 말을 들은 적이 없는데도 호의를 갖고 다가오는 사람이 있으면 결코 마음을 열지 않으려고 한다.

그런 사람들에게 타인은 아들러의 말을 빌리면 '적'이다. 이는 사람과 사람이 내립하고 있거나 적으로 어기고 있다는 뜻이다. 미움을 받았거나 증오의 대상이 되었거나 배신당해 상처받은 기억이 있다면 다른 사람을 멀리할 뿐 아니라 다가오는 사람이 있어도 상처를 입을까 봐 관계 맺기를 꺼린다.

그렇게 보면 모든 고민은 인간관계에서 비롯되는 것인지도 모른다. 하지만 사는 기쁨과 행복 또한 인간관계 안에서만 느낄 수 있다. 따라서 행복해지려면 인간관계 안에 들어가려는 용기가 필요하다.

사실 그 어떤 사람도 나를 상처 입히고 계략에 빠트리려는 무서운 존재가 아니다. 하지만 한번 인간관계에서 상처받은 경험이 있는 사람은 다른 사람을 만나도 같은 일이 일어나리라고 생각한다.

아들러는 적의 반대말로 '친구'라는 말을 사용했다. 이는 사람과 사람이 이어져 있다는 뜻이다. 현실의 인간관계에서는 좋은 관계를 맺지 못했더라도 책을 읽는 사람이라면 책 안에서 자신과 사고방식이나 감정이 비슷한 사람을 찾을 수 있다.

어느 누구와도 친구관계를 맺지 못하고 고립무원 속에서 살고 있다고 생각하는 사람일지라도 적어도 책을 쓴 사람과는 연결되어 있다고 느낄 수 있을 것이다.

그렇게 느껴질 때 책을 읽는 것은 구원이 된다. 뒤에서 다시 이야기하겠지만 책을 읽을 때 혼자가 아니라고 느껴진다면, 그것은 힘겨운 삶을 사는 사람에게는 구원이 된다.

독서는 사람을 행복하게 해준다. 혹시라도 책을 읽어도 행복하지 않다는 사람이 있다면, 어떻게 책을 읽으면 좋을지 이 책에서 함께 생각해보기로 하자.

● 차례

1장

내가 책을 읽는 이유

책과 인생

4장 잘 읽고 있습니까

5장 독서와 외국어 공부

6장 지적 생산을 위한 독서

1장

내가 책을 읽는 이유

어떻게 읽는지를 보면
삶의 방식이 보인다

책을 읽는 것은 자신의 생활 방식과 따로 떼어놓고 생각할 수가 없다. 어떻게 책을 읽는지를 보면 그 사람이 어떤 삶을 살고 있는지 알 수 있다고 해도 과언이 아니다.

'어떤' 책을 읽느냐가 아니라 '어떻게' 책을 읽느냐로 그 사람의 삶의 방식을 알 수 있다고 한 이유는, 무엇을 읽느냐는 그 사람의 삶과 거의 관계가 없기 때문이다.

왜냐하면 정말로 책 읽는 걸 좋아하는 사람이라면 어떤 책이든 닥치는 대로 읽을 테니 말이다. 그중에는 '좋은 책'도 있는가 하면 그렇지 않은 책도 있을 수 있다. 그런데 좋은 책인지 나쁜 책인지 알기 위해서는 누군가의 추천을 받아서가 아니라 스스로 선택해서 책을 읽는 경험을 차근차근 쌓아야만 한다.

책을 읽어가면서 어떤 책이 재미있고 읽을 가치가 있는지, 혹은 반대로 어떤 책이 별로고 시간을 들여서 읽을 가치가 없는지 차츰 알게 된다. '어떻게' 책을 읽고 그러한 것들을 알았는지 물어보면 그 사람이 어떤 삶을 살았는지 알 수 있다.

스스로 책을 찾아서 읽고 어떤 책을 읽으면 좋을지를 알려고 하는 대신 늘 다른 사람이 추천하는 책만 읽으려는 사람이 있다면, 그 사람의 삶의 방식 또한 그러할 것이다. 즉 다른 사람에게 의존하며 살 가능성이 높다.

예를 들어, 책에 담긴 내용이 당연히 모두 옳다고 할 수 없을 텐데도 일상생활에서 요만큼도 스스로 생각하려 하지 않고 늘 누군가의 말에 따르려고 하는 사람은 책을 읽을 때에도 스스로 생각하지 않고 저자의 생각을 그대로 받아들일 것이다.

물론 설득력 있는 책이라면 평소 주체적으로 생각하는 사람일지라도 당연히 저자의 생각에 동의할 수 있다. 하지만 그렇기에 좀 더 스스로 생각하는 습관을 들여야 하는 것이다.

'도청도설(道聽塗說)'이란 말이 있다. '길거리에서 들은 이야기를 곧이곧대로 다른 사람에게 전한다'는 뜻이다. 어떤 사람의 말을 듣고 그게 옳다고 여겨지면 고개를 끄덕이며 수긍하다가도 다른 사람에게 다른 이야기를 들으면 이번에는 그걸 곧이곧대로 받아들이고 또 다른 사람에게 그 말을 그대로 옮기는 것이다.

책을 읽을 때에도 저자의 생각을 아무런 비판 없이 그대로 받아들이고, 그 내용에 대해 스스로 생각하지 않고 다른 사람에게 전달한다면 책을 읽는 의미가 없다.

중요한 것은 책을 읽는 행위를 통해 그때까지 갖고 있던 가치관과 사는 모습을 되돌아보고 음미하며 앞으로 어떻게 살 것인지를 다시 생각해보는 것이다.

'어떻게 책을 읽을 것인가' 하는 점은 삶의 방식 그 자체를 보여준다. 지금까지와 다른 방식으로 읽는다면 삶의 방식도 달라진다.

책을 읽기 전후로 삶의 방식이 조금도 달라지지 않는다면 시간을 들여 책을 읽는 의미가 있을까 싶은데, 그렇다고 책을 읽으면 꼭 변해야 하는 것일까. 이런 것까지 포함해 독서와 삶의 방식에 대해 생각해보자.

행복해지기 위해
읽는다

일하는 것에 대해 책을 쓴 적이 있다. 출간 일정이 빡빡해서 제안을 받아들이는 데 주저했으나, 이 주제에 대해서는 예전부터 생각하고 있었기 때문에 하기로 했다.

담당 편집자 앞에서 일한다는 것에 대해 두 시간 남짓 떠들어댔다. 그 이야기를 바탕으로 책의 구성안을 작성해달라고 요청하기에 작성해서 일주일 후 메일로 보냈다.

놀랍게도 회신에는 담당 편집자가 회사를 그만두기로 했다는 내용이 들어 있었다. 편집자에게 사람은 일하기 위해 사는 것이 아니라 살기 위해 일하는 것이라고 열변을 토했는데, 아무래도 이런 내 말이 편집자로 하여금 자신의 삶의 방식을 다시 생각해보도록 하는 계기가 된 모양이다.

물론 나로서는 편집자가 회사를 그만두는 걸 막을 수가 없었으나 원고를 쓰고 책을 출간할 예정이라서 담당 편집자가 없으면 안 되었다. 바로 후임 편집자가 정해졌다.

몇 개월 후, 후임 편집자의 도움을 받아가며 원고를 완성했다. 견본쇄를 들고 편집자가 찾아왔다.

"실은 저도 회사 그만두기로 했어요."

후임 편집자가 이런 말을 할 것을 전혀 예상하지 못한 건 아니었다. 하지만 아무리 그래도 두 사람이 연이어 그만두게 된 것에는 놀라지 않을 수 없었다.

편집자가 고백하길, 책이 좋아서 출판사에 들어왔는데, 막상 일로 접하게 되고 나니 책을 읽는 게 고통이 되었단다.

그 후, 그 편집자는 프리랜서 편집자로 돌아서서 자신이 만들고 싶은 책만 맡아서 작업하고 있다.

일을 위해(내 경우는 연구를 위해서) 책을 읽는 것은 늘 재미있지만은 않다. 또한 책을 읽는 것 자체가 목적이 되어버리면 그건 그것대로 참 시시한 일이다.

책을 읽는 것 자체가 목적은 아니다. 정해진 목적이 있어서 책을 읽는 것도 아니다. 사람이 일하기 위해 사는 것이

아니라 살기 위해 일하듯이 책을 읽는 것도 삶의 하나라고
봐야 한다. 어떤 목적이나 일 때문에, 기분 전환을 위해 읽
는 것도 아니다. 삶과 동떨어지거나 정해진 목적만을 위해서
책을 읽는다면 그것이야말로 이상하다.

책을 읽는 목적은 단적으로 말하면 행복이다. 책을 읽을
때 행복하지 않다면 독서 방식을 재고할 필요가 있다.

플라톤 씨, 이건 좀
이상하지 않습니까

사색이 자기와의 대화이듯이 독서는 저자와의 대화다. 인간은 혼자서 살 수 없다. 밖에 나가지 않고 집에 틀어박혀 일을 하다 보면 하루 종일, 누구와도 말 한 마디 나누지 않고 지낼 때가 있다.

설령 누구와 말을 하지 않더라도 책을 읽으면 저자와 대화를 나눌 수 있다. 독서를 통해 '대화'를 나누려면 머리를 좀 써야 하는데, 여기서 '대화'라고 한 데는 이유가 있다.

실생활에서도 이야기를 듣기만 할 때가 있듯이 책을 읽을 때에도 저자의 글을 수동적으로 읽기만 하는 순간이 있다.

하지만 나는 책을 읽는 이상 책 내용에 공감하고 찬성하는 것을 넘어서서 스스로 생각하고, 때로는 저자에게 반론하지 않으면 안 된다고 생각한다.

아무 생각 없이 읽기만 해서는 대화가 되지 않는다. 시험을 앞두고 교과서와 참고서 몇 권을 여러 번 반복해서 읽고 그 내용을 숙지하고 기억하면 시험에는 합격하겠지만, 이런 독서를 저자와의 대화라고 할 수는 없다. 교과서를 볼 때는 교과서에 실린 내용에 대해 털끝만큼의 의문도 가지지 않고 외우는 것에만 전력을 쏟는 것처럼 보인다.

하지만 독서를 통해 저자와 대화하기 위해서는 저자가 무엇을 말하는지 그저 쫓아가기만 해서는 안 되고 책을 읽으면서 스스로 곰곰이 생각해봐야 한다.

저자가 하는 말에 모순이 있을지도 모르고, 중요한 부분인데 일부러 언급하지 않고 넘어간 부분이 있을지도 모른다. 당연히 잘못된 내용이 있을 수 있다.

나는 오랫동안 카운슬러로 일해왔다. 사람들이 하는 말을 들어주는 것이 카운슬러의 일이라고는 하지만, 그저 가만히 들어주기만 해서는 제대로 된 카운슬링이라고 할 수 없다. 이야기를 들을 때 상대방의 말을 주의 깊게 들어야 하는 것은 말할 필요도 없거니와 왜 지금 이 사람은 이런 말을 하는 걸까, 다음에는 어떤 이야기가 이어질까 하고 끊임없이 추측하면서 듣지 않으면 안 된다.

물론 예상치 못한 방향으로 이야기가 전개되는 경우도 있다. 그렇다면 그건 상대의 이야기에 자신의 기준을 들이대려고 했기 때문일 것이다.

이 기준을 아들러는 '생활양식(life style)'이라고 했다. 대개 이럴 때는 이렇게 느끼고 이렇게 행동하겠지, 라고 자신의 척도로 상대방의 말을 이해한다는 것이다. 자신과 타인을 어떻게 보느냐, 혹은 어떤 문제가 앞에 놓였을 때 그걸 어떻게 해결하느냐를 인간은 비교적 이른 시기에 스스로 결정한다고 아들러는 생각했다. 이 시기를 아들러는 네다섯 살 때라고 생각했으나 나는 열 살 전후가 아닐까 생각한다. 이 이후로는 웬만해선 생활양식을 바꾸지 않는다. 자신이 느끼고 생각하는 잣대가 유일하며 절대적이라고 생각하는 사람은 다른 사람을 잘 이해하지 못하고, 그 이해가 잘못되었다는 것도 깨닫지 못한다. 다른 사람이 자신과는 다르게 느끼고 생각한다고는 꿈에도 모르는 것이다.

그런데 누군가와 대화를 나눌 때, 상대방의 이야기를 주의 깊게 듣다 보면, 나로서는 하지 못할 생각을 상대방이 하는 걸 보고 놀랄 때가 있다. 그러면 내가 당연하게 느끼는 걸 상대방은 다르게 느끼고 생각한다는 걸 알게 된다.

상대방을 이해하기 위해서는 '만약에 나였다면'이라고 생각하기보다는 '만약에 내가 이 사람이었다면'이라고 가능한 한 상대방의 입장에서 생각해야 한다. 아들러는 이것을 '동일시' 혹은 '공감'이라고 표현했다.

이런 의미에서의 공감은 책을 읽을 때도 필요하다. 저자와 자신의 생활양식이 다르다는 걸 먼저 이해하지 않으면 저자의 생각을 올바로 이해할 수가 없다.

또한 이야기를 듣다 보면 중요한 내용인데도 상대방이 말하지 않고 넘어갈 때가 있다. 꼭 의식적으로 그렇게 했다고는 생각지 않지만, 그런 경우에는 지그소퍼즐 조각을 끝내 찾지 못했을 때와 같은 기분이 든다.

카운슬링을 할 때는 내담자의 생각을 비판하지 않는다. 하지만 책을 읽을 때는 저자의 생각에 동의하지 않아도 된다. 오히려 "과연 그렇구나"라고 감탄만 하다가는 저자와 대화를 나눌 수가 없다. 물론 책의 내용을 올바로 이해하지 않으면 비판할 수도 없기에 상대방을 이해하거나 적어도 이해하려고 노력하는 것이 우선이다.

저자와 나는 대등한 관계이니 저자가 쓴 글을 그대로 받아들이지 않아도 된다. 나는 오랫동안 아들러와 플라톤의 저서를 번역해왔는데, 번역하면서 끊임없이 저자와 대화를 나눈다.

"이건 좀 이상하지 않습니까?"

"이건 좀 내용이 억지스러운 것 같은데요?"

이렇게 중얼거리면서 번역하는 것이 꽤나 즐겁다.

실생활에서는 선생이나 상사에게 반론하기 어렵다고 생각하는 사람이 많을 것이다. 그렇더라도 상대방이 잘못된 말을 하면 그걸 가만히 듣기만 해서는 안 된다. 선생이나 상사라 할지라도.

반론해도 되거니와 그래야만 마땅하다. 만약에 일상생활에서 그렇게 하지 못한다면 책을 읽는 것이 그 훈련이 된다. 다행히 저자는 반론해도 화를 내지 않을 테니 안심하고 반론할 수 있다.

멈추며 읽는 것의
의미

일방적 소통은 책의 한계이기도 하다. 저자는 하고 싶은 말을 다할 수 있지만 독자는 이상하다고 생각해도 직접 반론할 수 없기 때문이다. 그렇다면 지금 독자가 반론을 제기해도 저자가 즉각 대응하지 못하는 이 상황을 일상생활에서 반론하는 훈련에 이용해보면 어떨까?

현실에서는 상대방이 하는 말이 틀렸다는 걸 알아도 괜히 지적했다가 화를 내거나 눈 밖에 날까 봐 겁이 나서 아무 말도 하지 않는다. 그러면 상대방에게도 좋을 게 없다.

정치인이 질문에 답변할 때 한자를 잘못 읽는 것도 아무도 가르쳐주지 않았기 때문이다. 같은 한자를 수차례 잘못 읽는 정치인에게 주변에서 누군가 한 번쯤은 지적해주었을지 모른다. 그 지적을 잘 받아들이면 같은 실수를 두 번 다시 하지 않을 테고, 앞으로 다른 글자를 잘못 읽거나 그런 일이 생길 법하면 주변 사람들이 미리 알려줄 것이다(아베 신조 총리가 2017년 대정부 질의 시간에 운云이라는 한자를 잘못 읽어서 물의를 일으킨 적이 있다_옮긴이).

그런데 잘못을 알려줘도 솔직하게 인정하지 않거나 오히려 알려준 사람에게 애먼 화풀이를 하면 주변 사람들은 두 번 다시 잘못을 알려주려 하지 않을 것이다.

반론에 관한 이야기로 돌아와서, 고맙게도 책을 읽을 때는 실제 대화할 때와는 다르게 언제든 저자와의 대화를 중단할 수가 있다. 필요하면 앞쪽으로 돌아갈 수도 있다.

어딘가 이상하다고 느낄 때, 실제 대화는 벌써 다음 화제로 넘어간 터라 틀렸는지 아닌지 확인할 길이 없다. 하지만 독서의 경우는 읽는 도중 확인도 할 수 있고 어디가 틀렸는지 천천히 생각해볼 수도 있다.

물론 실제 대화에서도 잘못된 점이 있으면 그에 대한 대답에 반론할 수도 있을 것이다. 하지만 그런 식의 대화를 하기 어렵다면 책을 읽을 때 질문과 반론하는 훈련을 해두면 된다. 그러면 궤변을 늘어놓는 사람한테도 적절히 받아칠 수 있을 것이다.

아들러는 그렇게 옛날 사람이 아니다. 우리의 느낌상으로는 메이지 시대(明治, 1867년 1월 30일부터 1912년 7월 30일에 해당하는 일본의 연호_옮긴이)에 태어난 할아버지지만 여전히 시대가 따라오지 못하는 새로운 사상을 제시한다. 물론 요즘 시대에는 더 이상 통용되지 않는 것도 있다. 예를 들어, 집안일은 여자가 해야 한다거나 결혼은 인류의 번영을 위한 것이라는 주장은 시대와 사회의 한계를 느낀다.

하지만 단순히 현시대와 비교해 고루하다고 단정할 수는 없다. 말꼬리를 잡는 대신 저자가 어떠한 생각에서 이런 결론에 도달했는지를 읽어내야 한다. 고루하다고 단정해버리면 고전으로 일컬어지는 대다수의 책을 읽을 수 없다.

상대방의 입장을 이해한다는 의미에서 책을 읽을 때는 공감이 필요하다고 앞서 말했다. 거기에 더해 나라면 어떻게 생각할까, 나라면 어떻게 할까를 생각해봤을 때 저자가 말하고자 하는 바가 이상하다는 것을 깨닫게 될 것이다.

나의 경우는, 누군가의 사상을 무조건 받아들이지 않고 이상한 점이 있다는 걸 알아차리는 데 플라톤 철학과 아들러 심리학이 도움이 되었다. 물론 플라톤과 아들러를 무비판적으로 받아들였다는 말은 아니다. 다만 내 방식대로 생각하는 것이 아니라, '에라레 말로 쿰 플라토네(errare malo cum Platone, 오히려 플라톤과 함께 틀리기를 바란다)'라고 고대 로마의 철학자 키케로가 말했듯이 판단을 내리고 평가할 때 규범이 될 만한 이론을 알고 있으면, 책을 읽거나 다른 사람의 말을 들을 때 어떻게 생각하면 좋을지 갈팡질팡하는 일은 없을 것이다.

상대방이 하는 말이 이상하게 느껴질 때든 실수라고 여겨질 때든 이야기 도중 그게 마음에 걸릴 때가 있다. 실제로 대화하는 동안에는 그런 생각이 들어도 상대방을 앞에 두고 딴생각을 할 수가 없다. 하지만 독서의 경우 책에서 눈을 떼고 생각에 빠져들 수 있다.

그런 때에는 책을 계속 읽으면서도 저자가 말하는 중요한 포인트에 빨간색으로 밑줄을 긋기보다는 읽는 도중에 떠오른 생각을 책 여백에 메모하는 일이 많아진다. 독서를 할 때에는 그렇게 하는 것이 중요하다고 생각한다. 책을 읽을 때 밑줄을 그을지 메모를 할지에 대해서는 뒤에서 다시 생각해 보겠다.

인생의 질문에
답하는 책

독서는 저자와의 대화다. 책을 읽으면 앞으로의 인생을 어떻게 살아야 하는지를 생각할 수 있다. 이런 질문에 직접 대답하거나 대답하려는 것이 철학서다.

갑자기 철학이 등장해 놀랐을 수도 있겠다. 여기서 말하는 '철학'이란 학문의 한 분야로서의 철학이 아니다. '지(知)를 사랑한다'는 본래의 의미에서의 철학이다. 곤충과 새와 꽃에 관심이 있는 사람이라면 이들의 이름을 알고 싶어서 도감을 들춰볼 것이다. 이렇게 뭔가에 대해 알고 싶어서 읽는 책은 지적 호기심을 불러일으킨다는 의미에서 철학서라고 할 수 있다.

소설을 읽을 때도 그저 스토리만 좇지 않고 등장인물들의 삶의 모습에서 자신의 삶의 모습을 조금이라도 돌아볼 만한 여지가 있다면, 그 또한 철학서라고 할 수 있다.

저자 역시 소설이라는 틀 안에서 등장인물의 입을 빌려서 어떻게 살 것인가에 대한 자신의 생각을 전하거나 당신이라면 이 삶을 어떻게 살 것인지 묻곤 한다.

이토 세이(伊藤整)*의 자전 소설 《젊은 시인의 초상(若い詩人 の肖像)》은 내게 앞으로 어떻게 살아야 할지를 깊이 생각해보는 계기를 마련해주었다.

> 내가 더 이상 어린아이가 아니라고 느끼기 시작한 것은 오타루 시의, 항구가 내려다보이는 산 중턱에 있는 고등상업학교에 들어가고 나서였다.

나는 이 책을 책 속 화자인 '나'와 비슷한 나이에 읽었는데, 나는 과연 더 이상 어린아이가 아니라고 느끼고 있는지, 어른이 된다는 건 어떤 것인지 나 자신에게 질문하지 않으

● 1905~1969년. 일본의 시인이자 소설가이며 평론가. 《율리시즈》《채털리 부인의 사랑》을 번역 소개했으며, 20세기 유럽 문학을 일본에 정착시키는 데 기여했다.

면 안 되었다. 소설을 다 읽고 나서도 한참 동안 이 질문에 대해 생각했고, 반세기가 지난 후에 중학생과 고등학생 앞에서 이 주제로 강연한 적도 있다.

세리자와 고지로(芹沢光治良)●의 《인간의 운명(人間の運命)》도 젊었을 때 열심히 읽었다. 이것도 자전 소설이다.

세리자와는 대학 졸업 후 다니던 농상무성에 사표를 내고 프랑스로 유학을 갔는데, 프랑스에서 결핵에 걸려 오랫동안 요양생활을 했다. 귀국 후에 이때의 체험을 바탕으로 《부르주아(ブルジョア)》라는 소설을 써서 종합지 《개조(改造)》의 공모전에 응모했고 1등으로 당선되었다.

쇼와(昭和, 1926년 12월 25일부터 1989년 1월 7일에 해당하는 일본의 연호_옮긴이) 초기의 일본에서 소설은 사회적으로 인정받지 못했다. 당시 세리자와가 몸담고 있던 주오대학의 학장은 그를 불러 머지않아 교수 자리를 보장받은 그에게 소설 집필을 단념할 것을 요구했다.

"자네, 일본에서는 문학이나 소설이 사회에 해악을 끼친다는 게 상식이야. 필명이든 본명이든 그 장본인이 우리 대학의 교수라는 것을 용납할 수 없네. 이참에 학교에 남을 건

● 1896~1993년. 일본의 소설가. 일본 작가로는 맨 처음 노벨상 후보에 올랐다.

지, 소설을 쓸 건지 분명히 하게."

이에 세리자와는 주저하지 않고 문학의 길을 선택했다.

이 일에 관해서는《인간의 운명》말고도 만년에 집필한 《신의 미소(神の微笑)》에도 자세히 나와 있는데, 젊은 시절에 나는 세간에서 흔히 말하는 성공이 아니라 문학의 길을 택한 소설 속 주인공 모리 지로와 철학을 배우기 시작한 나 자신을 겹쳐 보고는 앞으로 어떤 인생을 살게 될지 상상해보곤 했다.

철학서는 어떻게 살 것인가, 행복이란 무엇인가라는 질문에 직접적으로 대답하려고 한다는 점에서 소설과는 다르다. 그러니 이러한 질문에 답할 생각이 없이 인생을 살려는 사람의 마음에는 울림을 주지 않겠지만, 본래 넓은 의미의 철학서는 이러한 질문에 답하는 책이어야 한다고 나는 생각한다.

만약 철학서가 독자의 마음을 울리지 못한다면, 그것은 철학자가 이런 질문에 답하지 않고 시종일관 논의를 위한 논의만 거듭하기 때문일 것이다. 어떻게 살 것인가, 행복이란 무엇인가를 논하는 책이라고 한들 이러한 문제에 관한 답이 간단히 나올 리가 없다. 그러니 독자 여러분도 당장 답을 찾으려 하지 말고 끈기 있게 생각해봐야 할 것이다.

철학서뿐 아니라 책 읽는 것에 대해 부정적인 말
을 하는 사람이 있다. 책을 읽는 대신 체험에서 배우라고 하
거나 책을 버리고 길거리로 나서라는 것이다. 서양 근대철학
의 효시인 데카르트는 《방법서설》에서 "선생님들의 감독을
피할 수 있는 나이가 되자 나는 책을 통한 배움을 그만두었
다"라고 말하는데, 이것은 독서를 완전히 그만두었다는 뜻
이 아니라 이제 더 이상 독서만이 진리를 발견하는 유일하
고도 가장 유효한 방법이라고 생각하지 않는다는 의미일 것
이다. 따라서 데카르트의 이 말을 곧이곧대로 받아들여서는

안 된다. 이후로 데카르트가 책을 전혀 읽지 않았다고는 생각할 수 없기 때문이다.

그렇다고 해서 무슨 일이 있어도 반드시 책을 읽어야 하느냐 하면 그건 아니다. 정토종의 시조인 호넨쇼닌(法然上人)은 만 권의 불전을 읽고 '나무아미타불(南無阿彌陀佛)'이라는 여섯 글자에 가르침을 집약시켰다. 이 염불을 욈으로써 구원을 받을 수 있다면 책을 읽지 않아도 될 것이다.

책을 읽지 않아도 어떻게 살 것인가 하는 문제에 대해서는 당연히 스스로 생각할 수 있다. 하지만 아무것도 주어지지 않은 상태에서 무작정 생각하기란 어려운 것도 사실이다. 책을 읽는다는 것은 마치 글라이더가 다른 비행기와 차에 이끌려 날아오른 후에 줄을 끊고 활공하는 것과 같다. 사색에 잠기려면 그 계기가 될 만한 것이 필요하다. 하지만 언제까지나 줄에 매달려 있으면 혼자 날아오를 수 없다.

그런 의미에서 저자와의 대화를 통해 자기 혼자서는 생각하지도 못했을 지식을 배우는 것이야말로 독서의 진수라고 할 수 있다.

학창 시절에는 철학자가 어떤 학설을 제기했는지 알고, 그것을 배우기 위해 책을 읽었다. 대학원 입학시험 과목으로는 그리스어와 영어(어떤 언어를 선택하느냐는 전공에 따라 다르다),

철학사가 있었다.

나는 서양 고대 철학을 전공할 생각이어서 고대 철학에 대해서는 지식이 좀 있었지만 중세와 근세 철학에 대해서는 아는 바가 전혀 없었다.

시험이 다가오자 한 손에 빨간색 펜을 쥐고 헤이본사에서 나온 두꺼운 《철학사전(哲学事典)》을 읽었다. 그 책을 통째로 암기하려고 했던 것이다. 하지만 그런 건 엄밀히 말해 철학이 아니다. '플라톤의 이데아론이 무엇인가'라는 질문에 막힘없이 술술 대답할 수 있는 사람은 머리가 좋을지도 모른다. 다만 그것이 '지자(知者)'가 되기 위해서는 필요한 덕목일지는 모르나 '애지자(愛知者)'의 길은 아니다.

사전에 있는 내용을 외워서라도 몰랐던 것을 알게 되면 지그소퍼즐이 조금씩 완성될 때와 같은 기쁨을 느낄 수는 있을 것이다. 하지만 사전을 읽는 것도 독서라고 한다면 외우기 위해서만 책을 읽는 건 기쁨, 즐거움과는 거리가 멀다.

사전을 읽는 게 의미 없다는 말이 아니다. 지식을 터득하기 위해서만이 아니라면 다른 책을 읽을 때처럼 사전을 읽는 것 자체를 즐길 수도 있다. 뭔가를 알고 싶을 때 사전을 펼치면 필요한 최소한의 지식을 얻을 수도 있다. 뒤에서 전자책에 관해서도 언급하겠지만, 그 설명에 나오는 단어들을 클릭하면 단어의 의미를 설명하는 페이지로 바로 넘어갈 수 있다. 같은 페이지에서도 가능하다. 물론 종이사전에서도 가능하다.

계속해서 검색하는 것이 왜 재미있는가 하면, 보통의 책이라면 처음부터 읽어야 하지만, 사전이라면 어디를 읽을지 스스로 결정할 수 있기 때문이다.

시험을 위해서만 책을 읽는 것이 아니라면 본래 독서는 즐겁게 마련이다. 시험 전날에 소설을 들췄다가 멈추지 못했던 경험이 많이들 있지 않은가?

어느 날, 내 지도교수였던 후지사와 노리오(藤澤令夫)가 하는 플라톤의 이데아론에 관한 강의를 듣고 신기한 경험을 했다. 강의를 듣고 돌아오는데 눈앞에 있어야 할 계단이 보이지 않았다. 한순간이었으나 그날 강의에서 '사물'은 존재하지 않는다는 강연을 들었던 나는, 강의가 끝나고도 길에서 그 말의 의미를 곱씹어 생각하던 참이었다. 책을 읽고 다양한 철학자의 사상을 요령 있게 외우는 것으로는 이런 경험을 하지 못했을 것이다.

훗날 아들러 심리학을 배울 때, 아들러의 생각과 상충하는 다른 심리학자의 사상을 거침없이 받아들이는 사람이 있어서 놀랐다. 물론 어떤 사상을 이해한다는 것이 그 사상에 찬성한다는 뜻은 아니다. 찬성할 수 없어도 이해할 필요는 있다. 하지만 여기에서 논하는 넓은 의미에서의 철학서는 자신의 삶을 음미하게 함으로써 그때까지 고수해왔던 삶의 방식을 바꾸게 하는 힘이 있다.

그런 의미에서, 나는 철학과 심리학을 통해 지금까지의 삶을 되돌아보고 살아온 방식을 음미하느라 배우는 데 제법 시간이 걸렸다.

철학자가 되려면 책과 논문을 많이 읽고 그것을 요령 있게 정리할 수 있어야 한다. 하지만 그것이 나와 맞지 않는다는 것을 알게 되기까지 그리 오래 걸리지 않았다. 나는 어떤 삶을 살 것인지를 생각하고 싶어서 철학을 배우려고 했기 때문이다. 이에 대해서도 나중에 다시 설명하겠다.

불행한 러브스토리에
꽂히는 이유

책을 읽으면 다른 사람의 인생을 추체험, 즉 자기가 체험한 것처럼 느낄 수 있다. 살면서 경험할 수 있는 것에는 한계가 있다. 하지만 책을 읽으면 자신이 몰랐던 다양한 삶의 방식이 있다는 걸 알게 된다. 다른 사람의 경험을 아는 것은 자신의 삶의 방식을 다시 생각하는 계기가 되고 이는 인생의 경험을 넓혀준다.

또한 책을 읽고 나와는 다른 생각을 알게 됨으로써 관대해질 수도 있다. 그렇기에 읽고 싶은 책만 읽어서도 안 되는 것이다. 앞에서도 언급했지만, 이해하는 것과 찬성하는 것은 다른 문제다. 따라서 나의 생각과 일치하지 않는 사상이라 할지라도 이해하려고 노력한다면 다른 의견에 대해서도 관대해지고 관용을 베풀 수 있다.

이렇게 책을 읽으면 다른 사람의 인생을 추체험할 수 있다. 그런데 책을 추체험하기 위해서가 아니라 뭔가 다른 목적이 있어서 읽을 때가 있다.

아들러는 "인간은 불행한 러브스토리를 좋아한다"고 말했다(《그 사람이 나를 괴롭히는 진짜 이유》). 연애하고 결혼하기를 두려워하는 사람은 그러한 책 속 등장인물이 불행에 빠져서 상처받는 장면을 읽고 대리 체험을 한다.

그 대리 체험의 목적은 자신은 행복한 사랑만 하겠다고 결심하는 것이다. 다만 이러한 독서는 행복해지기 위해서 하는 게 아니라 사랑도 결혼도 포기하기 위해서 하는 것이다. 애초 사랑을 하지 않는 편이 낫다고 생각하는 사람은 행복한 러브스토리를 읽고 연애를 갈망하고 거기에 뛰어들어 상처받기보다는 불행한 러브스토리를 선택한다.

독서를 포함해 인간 행동에는 목적이 있다. 하지만 누군가 지적해주지 않으면 스스로 그 목적을 알아차리지 못한다. 불행한 러브스토리를 좋아하는 사람에게 그런 책을 읽는 걸로 자신의 삶이 이대로 괜찮다고 긍정하는 것 아니냐고 말한다면, 자신은 그럴 의도가 없었다고 부정할지도 모른다.

불행한 사람의 이야기를 읽고 그와 자신을 비교해 나는 행복하다는 것을 느끼고 싶어 하는 사람도 있다. 진짜 불행한 사람의 이야기를 읽고 나서 그의 인생과 자신의 인생을 비교해보고 내가 생각하는 것만큼 불행하지는 않다는 것을 깨달을 수도 있을 것이다.

하지만 다른 사람과의 비교를 통해 내가 행복하다고 깨닫는 것은 우월감이다. 행복이란 미키 기요시(三木淸)*의 말을 빌리면 이러하다. '각자 독창적(original) 존재'라서 본래 다른 사람과 비교할 수가 없다는 것(《인생론 노트》).

다른 사람과 비교할 수 있는 것은 행복이 아니라 성공이다. 성공은 미키 기요시가 말했듯이 양적인 것이라서 비교하기가 쉽다. 성공에는 사람들의 질시나 추종이 따른다. 행복은 일반적이지가 않아서 다른 사람이 보기에 왜 그 사람이 행복한지 알지 못한다.

이렇게 비교하지 않으면서 읽을 때도 있다. 역경을 견뎌낸 사람은 그런 일은 자기만 겪었다고 생각하는 경향이 있는데,

---

● 1897~1945년. 일본의 철학자. 독일 유학파로 리케르트와 하이데거의 가르침을 받았다. 치안유지법 위반 혐의로 감옥에 수감된 후 병으로 사망했다.

책을 읽고 다른 사람도 같은 경험을 했다는 걸 알면 구원을 받는다.

책을 읽는 것이 자신의 인생을 되돌아보는 계기가 될 때도 있다.

소크라테스는 "음미할 수 없는 삶은 살 가치가 없다"라고 말했다(플라톤의《소크라테스의 변명》). 이 경우는 독서가 구원이 되기보다는 자기 삶을 음미하는 계기가 된다. 이러한 독서를 과연 즐겁다고 말할 수 있을지는 모르겠지만, 자신의 삶을 음미하고 지금까지 당연하다고 생각해온 가치관이 절대 확실하지 않음을 깨닫는 일은 매우 중요하다. 마음이 편안해지는 책만 읽어서는 자신의 삶을 음미할 수가 없다.

어떤 문제가 생겼을 때 인간은 무의식적으로 자신이 원하는 대답을 해주는 사람을 찾아가 상담한다. 책을 읽을 때도 마찬가지다. 자기 삶을 긍정해줄 만한 책을 고르게 된다.

따라서 때로는 일부러 자기 삶을 긍정해주지 않을 만한, 공감해주지 않거나 찬성해주지 않을 만한 사람이 쓴 책을 읽어야 많은 것을 배울 수 있다.

나중에 다시 말하겠지만, 고등학생 시절에 윤리사회 선생님과 함께 마르크스의《경제학 비판》의 서문을 읽은 적이 있다. 당시 나는 사적 유물론을 받아들이지 못했는데, 사고가 편향적이어서는 안 된다고 생각한 선생님이 일부러 이 책을 고른 것이었다. 이 책은 훗날 내게 많은 도움을 주었다.

고등학교 시절에는 미시마 유키오(三島由紀夫)●의 책을 닥치는 대로 읽었다. 《가면의 고백》이나 《금각사》 등은 다른 작가들의 소설과 같이 별 저항감 없이 읽었으나 《우국(憂国)》이나 《풍요의 바다(豊饒の海)》 《금색(禁色)》 등의 작품은 거부감이 일었다. 미시마 유키오의 소설은 하나같이 자극적이어서 당시의 나로서는 도저히 받아들일 수 없었지만, 내가 알지 못하는 인생을 엿본다는 생각으로 차례차례 읽었다.

또한 답을 너무 간단히 내버리는 작가의 책도 피하는 편이 좋을 것이다. 자신의 삶을 음미하기 위해서는 이러한 인생을 살라고 안이하게 가르치는 책을 읽으면 안 되는 것이다.

● 1925~1970년. 전후 일본문학을 대표하는 탐미주의 작가.

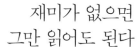

재미가 없으면
그만 읽어도 된다

결과적으로 책을 읽으면 뭔가를 배우게 된다. 다만 뭔가 배우는 걸 독서의 목적으로 삼는다면 책을 읽는 즐거움이 훼손될지도 모른다.

산책하는 것이 그저 밖에 나가고 싶어서인 것처럼 책을 읽는 것도 뭔가를 위해서가 아니라 그저 읽고 싶어서일 수도 있다. 독서의 목적이 너무 분명하면 책을 읽는 재미가 없어진다. 그것은 마치 다이어트를 위해 오로지 걷는 것에만 집중하느라 걸을 때 눈에 보이는 광경에는 전혀 주의를 기울이지 않는 것과도 같다.

인간은 삶의 목표를 세우지만, 필요하면 언제든 그 목표를 바꿀 수 있다. 지금까지 살아오면서 얼마나 많은 에너지, 시간, 돈을 들였다고 한들 언제든 다른 삶을 살 수 있다. 책을 읽는 것도 처음에는 어떤 특정한 목적을 위해 읽었다고 하더라도 다른 기회에 다른 목적으로, 혹은 아무 목적도 없이 읽는 동안 새로운 발견을 할 수도 있다.

내 경우는 간혹 서평을 위해 책을 읽을 때가 있는데, 책에 대한 의견이나 느낌을 정리해야 한다고 생각하면 책을 읽는 즐거움이 반으로 줄어든다.

책을 읽는 목적을 바꾸듯이 인생도 마찬가지다. 살면서 그때까지와는 다른 목적을 세우고 살아갈 수 있다. 인간은 누군가의 기대를 충족시키기 위해 사는 것이 아니다. 따라서 인생을 다시 살기로 했다면 누군가 비난한다고 해도 그런 비난에 귀를 기울일 필요가 없다. 자기 인생에 확신이 없는 사람은 반대 의견에 부딪히면, 그 반대 의견을 자기 인생을 살지 않는 변명거리로 삼는다. 그런데 내가 내 인생을 살지 않으면 도대체 누구의 인생을 산단 말인가?

생물도 기계도 목적 지향적이다. 따라서 다른 생물이나 기계도 한번 목표를 정하면 거기에서 벗어나기 힘들다. 하지만 목표를 정한 후 뭔가 문제가 생겼음에도 목표를 바꾸지 않으면 단체로 절벽에서 바다로 떨어진다는 전설이 있는 레밍처럼 된다.

목적을 고정할 필요는 없다. 다이어트를 위해 산책하는 사람은 도중에 흥미로운 것이 보여도 멈추지 않을지도 모른다. 다이어트를 위한 것이니 멈추면 안 되는 것이다. 그런 산책만 하게 되면 산책 본연의 즐거움이 전부 날아가버리게 된다.

나는 2006년에 심근경색으로 쓰러진 적이 있다. 이후로 일부러 바깥에 나가서 걸으려고 했다. 재활을 위해 필요했기 때문이다. 그때까지는 집에서 원고를 쓸 때가 많아 며칠이나 집에서 한 발짝도 밖에 나가지 않곤 했다.

하지만 치료를 받고 퇴원한 후에는 재활을 위해 걷지 않으면 안 되었다. 산책 습관을 들이는 일은 내게 어려웠다. 재활을 위해 필요하다는 건 알았지만 좀처럼 내키지 않았다. 그래서 카메라를 들고 산책하자는 묘안을 떠올렸다.

책을 통해 카메라와 사진 촬영하는 법에 대해 배우고, 카메라를 들고 산책에 나섰다. 나비와 꽃과 새에 정신이 팔려서 카메라를 들이댔다. 카메라 덕분에 밖에 있는 시간은 분명 늘어났지만, 운동량은 그리 늘지 않았다. 재활을 위해 산책하는 것이라서 사실은 천천히 걸으면 안 되었다. 그래도 마냥 걷는 것보다는 훨씬 즐거운 산책이 되었다.

책도 어떤 목적을 위해서만 읽게 되면 재미가 없어진다. 물론 시험을 잘 보기 위해 교과서를 열독해야 할 때도 있지만, 그저 지식을 얻기 위해서만 책을 읽는 것은 아니다.

　논문을 쓰거나 시험을 보기 위해 책을 읽는 게 아니라면, 천천히 읽을 수도 있고 도중에 책을 던져버리거나 책을 읽으면서 떠오른 생각을 메모할 수도 있을 것이다.

　출근이나 출장을 위해 이동하는 것이라면 목적지까지 반드시 가야 하지만, 여행이라면 꼭 목적지에 도착하지 않아도 된다. 도중에 쉬어갈 수도 있고, 이만 여행을 끝내겠다고 결정할 수도 있다.

　책도 마찬가지다. 재미가 없으면 도중에 그만 읽어도 된다. 제대로 된 책이라면 그렇게 하더라도 독자에게 무언가를 남길 것이다.

　재미없는 것은 아니지만 끝까지 다 읽기 어려운 책도 있다. 《구약성서》가 바로 그렇다. 다른 책에 인용되어 있으면 그 구절을 읽을 수는 있지만, 주석이 없으면 무작정 읽어봤자 이해하지 못하기 때문에 처음부터 끝까지 다 읽지는 못했다. 이렇게 읽어도 되는 건지는 모르겠지만, 〈창세기〉〈출애굽기〉 등은 읽을거리로도 재미있어서 내 저서에도 자주 인용했다.

현실을 뛰어넘게 해주는
책의 마법

무의미한 행동은 하지 않는다고 말하는 사람이 있다. 어떤 행동을 할 때 그 행동의 효용을 반드시 따지는 것이다. 그런 사람은 도움을 얻는 것이 독서의 목적이라서 도움이 되지 않으면 책을 읽으려 하지 않고 책에 관심을 갖지도 않는다.

그런 효용을 떠나서 책을 읽으면 다른 누군가의 인생을 추체험하며 자신의 인생을 되돌아볼 수도 있고, 현실에서 잠시나마 벗어날 수도 있다.

출퇴근 길 전철 안에서 책을 읽는 것도 어쩌면 다른 승객들에게 떠밀려 몸뿐 아니라 마음마저 피폐해지는 현실을 조금이나마 덜 의식하고 싶기 때문일 것이다.

출퇴근 시간대의 전철 안은 다른 때와는 달리 사람들이 너무 밀착되어 있기 때문에 바로 옆에 있는 사람에게 이렇게 가까이 있지만 당신에게 아무런 관심이 없다는 의사를 표현하지 않으면 안 된다.

그럴 때 창밖의 경치를 봐도 되지만, 책을 읽음으로써 몸은 전철 안에 있지만 주변 사람들에게 관심이 없다는 것을 확실하게 표현할 수 있다. 최근에는 차 안에서 책을 읽는 사람이 많이 줄어든 듯한데, 좋아하는 책을 읽으면 이렇게 주변을 의식하지 않아도 되니 출퇴근이나 등하교를 위해 이동하는 시간이 길어도 그리 고통스럽게 느껴지지 않는다.

"은퇴하고 몸이 예전처럼 마음대로 움직이지 않아도 책만 읽을 수 있다면 노년도 그리 두렵지 않다." 이는 내 고등학교 윤리사회 선생님의 지론이었다. 책 읽는 것을 통해 노화라는 현실을 뛰어넘을 수 있다는 것이다.

물론 고등학생이던 나는 취직하기도 전이라 퇴직 후에 대해서는 잘 상상이 되지 않았다. 하지만 책을 좋아하는 선생님의 마음만큼은 전해졌다.

훗날 심근경색으로 쓰러져 어쩔 수 없이 오래 입원한 적이 있었는데, 그때 책을 읽는 것이 확실히 몸을 마음대로 움직이지 못하는 현실을 극복하는 힘이 된다는 것을 알았다.

집중 치료실에서는 절대 안정이 최우선이어서 책을 읽는 것은 물론 음악을 듣는 것도 금지되었다. 몸을 누이는 방향조차 간호사의 도움 없이는 바꿀 수가 없었다. 그래서 시계가 없는 쪽을 향해 누워 있으면 지금이 대체 몇 시인지도 알 수 없었다. 시간의 흐름이 멈추었다.

그런 상태에서 아무것도 하지 않고 가만있자니 정신이 이상해지는 것 같았다. 그래서 나는 단카(短歌, 짧은 형식의 일본 전통적 시가_옮긴이)를 지어보기로 했다. 단카를 머릿속에서 이리저리 조합함으로써 아무것도 하지 않으면 사방으로 흩어져버릴 것 같은 영혼을 몸에 붙잡아놓을 수 있겠다고 생각했다.

기껏 지은 시가를 적어놓고 싶어도 낮에 혼자 있을 때면 그럴 수 없었다. 다행히 짧은 단카(라는 표현은 이상하지만)라서 가족이 병문안을 올 때까지 기억할 수 있었다. 잊어버릴 때도 있었지만.

내가 단카 짓기를 한 것은 절대 안정이 필요한 상황에 있는 나 자신을 객관적으로 되돌아보고 현실을 뛰어넘기 위해서였다. 병으로 쓰러졌을 때 단카라는 형태로 자신의 생각을 표현하는 법을 알고 있어서 다행이라고 생각한다.

초등학교 시절에 부모님이 일본문학전집을 사주셨다. 그 전집 안에 있던 이시카와 다쿠보쿠(石川啄木)●가 왠지 모르게 마음에 들었다. 단카란 걸 그때 처음 봤다. 구어(口語)가 아니어서 이해하려면 모르는 단어를 찾아볼 필요가 있었다. 그래서 고어사전(古語辭典)을 사러 어머니와 동네의 서점에 갔다.

국어사전조차 제대로 찾는 법을 모르던 그때, 초등학생용 고어사전(그런 게 있는지조차 모르지만)이 아닌 어학 전문인 오분사에서 나온 두꺼운 고어사전을 샀다. 진정 이시카와 다쿠보쿠의 단카를 읽기 위해 필요했던 것이 고어사전이었는지는 모르겠으나 단카에 나오는, 이제는 쓰이지 않는 단어를 알기 위해서는 사전이 필요하다고 생각했던 것이다.

단카와는 그 후에도 인연이 있었다. 윤리사회 수업 중에 종종 프린트가 배부되었다. 성서를 발췌한 부분을 나눠준 프린트를 보고 읽은 적도 있고, 만요슈(万葉集, 일본에서 가장 오래된 시가집_옮긴이), 사이토 모키치(斎藤茂吉)●●, 요시이 이사

● 1886~1912년. 일본의 시인이자 소설가. 낭만파 시인으로 풍부한 생활 감정을 노래했다.
●● 1882~1953년. 일본의 시인이자 정신과의사.

무(吉井勇)*, 아이즈 야이치(會津八一)**의 노래를 읊은 적도 있다.

나중에는 시인의 단카를 읽는 것뿐 아니라 직접 단카를 짓게 되었다. 고등학생 시절 단카를 읽는 법도 모르던 내가 수업을 들으면서 관심을 갖게 된 것이 생각이 났다.

나는 구어단카(口語短歌, 메이지 시대 이후 구어를 도입한 단카로 글자 수가 비교적 자유로웠다_옮긴이)를 별로 좋아하지 않았다. 글자 수가 규정보다 많거나 부족함 없이 31음절이라는 틀 속에 자신의 마음을 빠짐없이 담는 게 단카의 재미라고 생각하기 때문이다. 입원해 있을 때는 시간이 남아돌아서 병상에 누워 있다는 현실을 잊고자 기억 속에서 느긋하게 시구를 찾아내는 데 열중했다.

● 1886~1960년. 일본의 시인이자 극작가.
●● 1881~1956년. 일본의 시인이자 서예가이며 미술사가.

활자 중독자의
고통

　머지않아 병상에서 책을 읽는 게 허용되자 미친 듯이 책을 읽기 시작했다.

　실은 책을 읽게 되기까지 한바탕 소동이 있었다. 잡지 반입이나 텔레비전 시청은 비교적 이른 시기에 허락이 떨어졌는데, 책을 읽는 것은 통 허락해주지 않았기 때문이다.

　도저히 이해가 되지 않아서 간호사에게 책을 읽을 수 있게 허락해달라고 따로 요청했다. 책을 읽지 않으면 쓸데없는 생각을 하게 되고 그게 스트레스가 되는데, 책을 읽으면 책에 의식을 집중할 수 있고 괜한 생각을 하지 않아서 정신적으로도 좋으니 하루빨리 독서를 할 수 있게 해줬으면 좋겠다고 말이다.

이렇게 간호사에게 호소한 이야기를 주치의가 전해 듣고는 당장 책을 읽어도 된다고 허락해주었다. 그 주치의도 책을 좋아하는 사람이어서 이런 신소리를 늘어놓지 않아도 허락을 받았으리라 생각하지만.

책을 읽는다는 것은 저자의 생각을 좇기만 하는 결코 수동적 행위가 아니어서 책을 읽는 것이 스트레스가 될 수도 있다. 이때 내가 한 말은 상당한 궤변이었다고 생각한다.

어찌 되었든 입원 중에 몸을 마음대로 움직이지 못하던 순간만큼 책을 읽고 싶었던 적은 없었다. 원래 활자 중독에 가까워서 잠깐이라도 아무것도 하지 않고 멍하니 시간을 보내는 것이 견딜 수 없이 힘들었다. 만원 전철 안이었다면 광고라도 읽었을 것이다. 절대 안정을 취해야 한다고 했을 때, 몸의 고통보다도 책을 읽을 수 없는 고통이 훨씬 컸다.

다행히 목숨은 건졌으나 한동안은 병원 신세를 져야 하는 관계로 집에 있는 책을 병실로 잔뜩 가져오게 했다. 당시에는 전자책이라는 것도 없었고, 있었어도 별로 보급되지 않았으므로 가가 오토히코(加賀乙彦)˙의 《구름의 도시(雲の都)》, 폴 오스터의 《고독의 발명》 등을 침대 옆에 쌓아두고 읽었다.

주치의가 내 책에 관심을 보여 회진을 올 때마다 책에 관해 길게 이야기를 나눴다. 어느 날, 회진 온 의사가 에마뉘엘 레비나스(Emmanuel Lévinas)●●의 《전체성과 무한》을 보자마자 덥석 집어 들었다. "어, 잠시만 좀 볼게요." 그러고는 침대 옆 소파에 앉아 읽기 시작했다.

의사가 내게 말을 건넨 이유는 병실에 들여온 책을 보았기 때문이다. 전자책이라면 종이책과는 다르게 몇천 권이 들어 있어도 단말기를 들여다볼 수 없으니 의사와 책에 관한 대화를 나누지는 못했을 것이다.

이때 한 달쯤 입원했는데, 정말로 읽고 싶은 책만 읽었다. 일 때문에 때로는 읽고 싶지 않은 책을 읽어야 할 때가 있는데, 이때처럼 정말 읽고 싶은 책만 읽으면서 하루하루를 보내면 얼마나 행복할까 지금도 생각한다.

입원이라는 일상적이지 않은 상황 속에서뿐 아니라 일상생활 속에서도 독서는 행복하게 살기 위해서 꼭 필요한 과정이라고 생각한다. 행복해지느냐 아니냐를 논하기 전에 '지루함'과 무관한 삶을 살 수 있기 때문이다.

책만 있으면 병에 걸려서 밖에 나가지 못하게 되거나 난데

●　1929년생. 정신과의사 출신의 일본 소설가.
●●　1906~1995년. 리투아니아 출신의 프랑스 철학자.

없이 전철이 움직이지 않게 되어도 초조해하거나 안절부절
못하는 대신 책을 읽으며 시간을 보낼 수 있다.

지금은 업무상 읽어야 하는 책이 줄어서 가능하다면 앞
으로는 정말 읽고 싶은 책만 읽으려고 한다.

2장

책과 인생

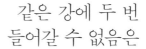

같은 강에 두 번
들어갈 수 없음은

같은 책을 다시 안 읽는 사람도 있겠지만, 나이가 들면 전에 샀던 걸 깜빡하고 같은 책을 또 사는 경우가 있다. 읽다가 기시감이 들어 이상하다 싶어 봤더니 전에 읽었던 책이라는 것을 알아차리는 경우도 있다.

그럴 때라도 낙담할 필요는 없다. 같은 책이라도 다시 읽으면 전에 읽었을 때와는 다른 느낌을 받는다. 그래서 같은 책을 일부러 여러 번 읽는 사람도 있다.

같은 책이라도 읽을 때마다 새로운 발견을 하게 된다. 고대 그리스의 철학자 헤라클레이토스는 "우리는 같은 강에 두 번 들어갈 수는 없다"라고 말했다.

전에 읽었던 책이라도 처음 읽는 기분이 드는 것은 무엇이 쓰여 있었는지를 잊어버려서가 아니다. 강에 발을 담글 때, 그것이 두 번째일 경우 강물의 흐름은 이전과 같지 않다. 발을 담그는 자신도 앞서 발을 담갔을 때와는 다르기에 '같은 강에 두 번 들어가지 못하는' 것이다.

책의 경우는 분명 같은 내용이 쓰여 있을지라도 독자가 전에 읽었을 때와 다르기 때문에 같은 책이라도 다르게 읽힌다.

게다가 지금은 이전과 똑같이 읽을 수가 없다. 전에 읽었을 때는 빠뜨렸거나 그다지 강한 인상을 받지 못했던 부분을 발견하기도 한다. 인쇄되어 있는 글자는 같아도 전에 읽었던 책이 맞나 의심이 일 정도다.

이전보다 꼭 성장해야 하는 것은 아니지만, 지금의 내가 전에 읽었을 때와는 다르게 느껴진다면 이 또한 독서의 즐거움 중 하나라고 생각한다.

나이가 들면 전처럼 많은 책을 읽을 수가 없다. 그래서인지 책을 잘못 고르는 실수를 줄이려고 젊었을 때 읽었던 책, 그중에서도 감동받았던 책 위주로 읽으려는 사람도 있을 것이다.

하지만 젊은 시절에 감동받았던 책을 지금 다시 읽는다고
해서 또 감동받으리란 법은 없다. 아니, 오히려 그렇지 않을
공산이 크다. 이렇게 생각하면 전에 읽었는지 아니었는지에
연연할 필요가 없다.

전에 읽었던 것을 기억해도(대개 내용은 몰라도 전에 읽었던 것
은 기억날 것이다) 처음 읽는다는 생각으로 대한다면 다시 보
는 책도 재미있게 읽을 수 있다.

후쿠나가 다케히코(福永武彦)*가 쓴 《죽음의 섬(死の島)》이
라는 소설이 있다. 이 소설은 서로 사랑하는 두 여자가 동
반 자살을 했다는 소식을 들은 주인공이 히로시마로 달려
가는 이야기를 중심으로 전개된다. 다시 읽기 시작했을 때
동반 자살을 시도한 두 여자 중 한 사람만 죽었다는 것은
기억났으나 둘 중 어느 쪽인지는 기억나지 않았다. 왜 그랬
는지는 다시 읽고 나서야 알았다.

같은 책이라도 처음 본다고 생각하면 재미있게 읽을 수
있듯이 매일 만나는 사람이라 할지라도 오늘 처음 만났다고
생각하면 좋은 관계를 맺을 수 있다. 좋은 관계를 맺기 위해
서는 과거를 잊어야 할 때도 있다.

● 1918~1979년. 일본의 소설가이자 시인이며 프랑스 문학자.

인생은 결말을
알 수 없어 흥미롭다

　　책을 읽으면 다른 사람의 인생을 추체험할 수 있다고 앞서 말했다. 같은 책을 두 번 읽는다는 것은 인생을 다시 체험한다는 뜻이다. 물론 이는 실제 삶에서는 불가능한 일이다.

　　결말을 알아야 안심하고 책을 읽을 수 있다는 사람이 있다. 사귀는 사람이 있는데 결혼할 수 있을지 불안해져서 점을 봤더니 결혼하지 못한다는 점괘가 나왔다는 사람도 있다. 아무리 계속 좋은 관계를 유지해보려고 해도 결혼하지 못한다면 노력해봤자 뭔 의미가 있을까.

미국의 소설가 켄 그림우드(Ken Grimwood)가 쓴《다시 한 번 리플레이》의 주인공 제프는 마흔세 살에 죽는다. 그런데 문득 정신을 차려보니 대학교 기숙사 안이었고, 열여덟 살의 봄을 다시 맞이하게 되었다. 삶의 기억과 지식은 그대로인 채 말이다. 그때부터 다시 인생이 시작되고, 무슨 일이 일어날지 모두 알고 있던 그는 도박과 주식 등으로 대성공을 거둔다. 그러다 또 마흔세 살에 죽게 되고 다시 열여덟 살로 돌아온다.

그런데 또다시 재생된 그의 삶은 똑같이 흘러가지 않는다. 이전 생과는 다르게 살기로 결심한 탓이다. 그리고 그것이 인생을 바꾼다.

실제로 인생을 살 때 앞으로 무슨 일이 벌어질지 모른다. 삶에서 어떤 일이 일어날지 정해지지 않았으니 결말을 알 도리가 없는 것이다. 미래는 아직 안 왔다기보다는 그저 '없는(無)' 셈이다.

앞으로 무슨 일이 일어날지는 모르지만, 실은 다 정해져 있어서 저항해봤자 헛수고라고 생각하는 사람도 있다. 하지만 미래가 정해지지 않았다고 해서 인생을 뜻대로 살 수 있는 사람은 없다.

책을 두 번, 세 번 읽는 것은 제프와 같은 경험을 하는 것이라고 할 수 있다. 이미 결말을 알고 있기 때문이다.

책을 처음 읽을 때는 인생처럼 앞으로 어떤 일이 일어날지 몰라서 이야기의 전개에 따라 설레거나 불안할 수 있다.

추리소설을 읽을 때 처음부터 결말이나 범인을 알게 되면 독서의 재미가 반감된다고 생각하는 사람도 있지만, 처음부터 범인을 밝히고 전개되는 추리소설도 있다. 그렇다고 해서 읽는 재미가 사라지지는 않는다.

다시 책을 읽으면 이미 어떤 내용인지 알고 있다. 소설의 경우라면 스토리를, 추리소설이라면 범인을 알고 있다.

하지만 책의 내용을 안다고 해서 책을 읽는 재미와 기쁨이 사라지느냐 한다면 그렇지는 않다. 책의 가치가 떨어지는 것도 아니다.

이미 내용도 이야기의 전개도 알고 있으면서 다시 읽는 것은(읽은 게 기억나지 않는다면 얘기가 다르지만) 처음 읽었을 때와 다른 것을 기대하기 때문이다.

테베의 왕 오이디푸스가 아버지를 죽이고 어머니와 결혼한다는 내용은 많은 사람이 책을 읽기도 전부터 알고 있다. 그렇다고 해서 소포클레스(Sophocles, 아이스킬로스 및 에우리피데스와 더불어 그리스 3대 비극 시인 중 한 명_옮긴이)의 비극을 읽는 재미가 사라지는 건 아니다. 오히려 오이디푸스는 자신의 운명을 모르는 데 반해 독자는 알고 있어서 오이디푸스에게 닥칠 일을 담담하게 읽을 수가 없다. 그것이 이 비극을 읽을 때 재미나는 점이라고 할 수 있다.

나는 앞으로 어떤 인생을 살게 될지는 오로지 신(神)만 알고 있으며 아무것도 정해지지 않았다고 생각한다. 그렇기에 우리네 인생이 재미있는 것이다. 하지만 모든 것을 꿰뚫고 있는 신의 관점으로 오이디푸스를 보면 나도 이 왕처럼 실은 모든 것이 정해져 있는데 정해지지 않았다고 착각하고 있는 것은 아닌지, 책을 읽는 동안 내 모습이 겹쳐 보여서 가슴이 두근두근 뛴다.

플라톤의 《소크라테스의 변명》도 마찬가지다. 소크라테스가 고발당해 사형에 처해진 사실은 널리 알려져 있다. 하지만 사형당했다는 사실만 알고 있을 뿐 어떠한 연유로 사형선고를 받았는지는 책을 읽지 않으면 알 수가 없다.

책을 처음 읽었을 때와 두 번, 세 번 읽었을 때의 받는 느낌이 다르다. 어느 쪽이 더 좋은지 판단할 수는 없다. 어떤 경우든 재미있게 읽을 수 있을 뿐이다. 두 번째부터는 전체의 흐름을 알고 있기 때문에 스토리에만 주목하지 않고 중심 내용과 직접 관계가 없는 세부 내용까지 눈에 들어온다.

《신약성서》가 대표적이다. 몇 번 읽으면 세부적인 내용에 눈길이 간다. 그중에서도 예수의 언행을 기록한 〈마가복음〉 〈마태복음〉 〈누가복음〉은 셋 다 큰 줄거리는 같지만 자세히 읽어보면 작자에 따라 세부 내용이 달라진다. 꽤 다른 부분도 있다.

스토리를 알고 있는 책을 읽으면, 실제 인생은 이렇게 정해져 있지 않다는 것을 알기에 도리어 현실을 냉정하게 바라볼 수 있다. 어쩌면 인생은 정해져 있지 않다는 걸 확인하기 위해 책을 읽는다는 사람도 있을지 모른다.

본래라면 읽지 않았을 책을 다른 사람에게 추천을 받아서 읽는 경우가 종종 있다. 최근에는 자기 신간을 보내주는 저자들도 있다. 중요한 일을 하고 있을 때에는 좀처럼 읽어보기 어렵지만, 문득 생각이 나서 펼쳐보면 재미가 있다.

　생각지도 못하게 받은 책이다 보니 사전에 재미있을 거라는 기대를 하지 않았던 점이 주효했던 것 같다. 하나같이 긴 시간을 들여 쓴 역작들이지만, 본래라면 거들떠보지 않았을 책이 대부분이다. 그렇기에 제 발로 찾아오는 책은 스스로 고르는 책과는 다르다고 할 수 있다.

선물 받은 책도 내가 직접 고른 게 아니라서 안 읽고 넘어갈 때가 있다. 하지만 내가 읽으려고 산 책도 읽지 않을 때가 있으니, 어떤 형태로든 내 수중에 있는 책이라면 스스로 고른 것임에 틀림없다.

나의 흥미나 관심사에 합치하는 책뿐 아니라 본래라면 읽지 않았을 책도 읽어야 배우는 것이 많다. 이 저자의 책이라면 이러이러한 것이 쓰여 있겠지 하고 예상할 수 있는 것만 읽으면 새롭게 뭔가를 배울 수 없다.

누군가와 사귀거나 결혼할 때 성격도 취향도 자신과 비슷한 사람을 선택하는 사람이 있다. 물론 성향이 비슷하다면 부딪히는 일이 적겠지만, 자신과는 전혀 다른 사람을 사귀어야 인생이 풍요로워진다. 처음에는 저렇게 반응하고 생각하는구나 싶어서 놀라게 되지만, 그것이 두 사람의 사이를 벌어지게 만들지는 않는다. 오히려 자신과 다르게 반응하는 상대방을 보고 자신의 견해나 느끼는 감정이 절대적이지 않다는 것을 알게 된다. 설령 상대방의 감정이나 생각에 동의할 수 없더라도 이해를 한다거나 적어도 이해하려고 노력하면 관대해질 수 있다.

책을 읽는 것도 마찬가지다. 내가 찬성하고 납득할 수 있는 내용의 것만 읽으면 일상생활에서도 다른 의견을 관대하게 받아들이지를 못한다.

책에 대한 기대에 관해 말하자면, 출간될 때마다 꼭 돈을 주고 사서 읽던 작가의 작품이 어느 순간 재미없게 느껴진다면 그 첫 번째 이유는 기대가 너무 커서일 것이다.

저자가 독자를 기쁘게 하려고 책을 쓴 건 아니라서 독자가 실망해도 어찌할 도리가 없다.

그때까지 좋아했던 책이 재미없어지는 또 다른 이유는 독자 본인이 변하기 때문이다. 전에는 재미있게 읽었던 책이 지금은 재미없게 느껴지고 예전만큼 마음이 동하지 않을 때가 있다. 이것도 책의 문제가 아니다.

어떤 책이나 저자에 대한 나의 평가가 달라졌을 뿐, 책이나 저자가 지닌 가치는 나의 평가와는 무관하다.

누군가에게 추천받은 것도 아닌, 그렇다고 누가 선물해준 것도 아닌 책을 우연히 발견하는 경우도 종종 있다. 호리에 도시유키(堀江敏幸)*의 책이 그중 하나다.

나는 이 작가에 대해서 전혀 몰랐다. 그 당시 강의를 나가던 대학이 있었는데 집에서 편도로 세 시간이나 걸렸다. 교

● 1964년생. 일본의 소설가이자 프랑스 문학자. 2001년에 아쿠타가와상을 수상했다.

토 역 상점에서 우연히 호리에 도시유키의 《자오선을 찾아서(子午線を求めて)》라는 책을 발견했다.

나는 밖에 나갈 때는 꼭 책 몇 권을 가방 안에 넣어 다닌다. 따라서 이 날 읽을 책이 없었던 것도 아니었다. 그런데 왜 호리에의 책을 사려고 했는지, 지금으로서는 기억나지 않는다. 프랑스 문학에 관한 에세이집인 이 책에 나오는 작가와 시인의 이름도 몰랐지만, 딱 한 번 간 적 있는 파리를 추억하며 정신없이 읽었다.

어찌 되었든 그날은 긴 출퇴근 시간이 전혀 힘들지 않았다. 이 책을 다 읽고 나서 호리에 도시유키의 책을 차례차례 읽어나갔다. 소설이라고도 에세이라고도 할 수 없는 독창적 스타일을 추구하는 호리에의 책을 읽고, 언젠가는 나도 이런 소설을 써보고 싶다고 강하게 염원했다.

고3 여름방학을 바친
《서양철학사》

고등학생 시절에 영어로 된 책을 읽으려고 했다. 학습용으로 편집된 것이 아닌 어디에도 일본어가 쓰여 있지 않은 원서를 처음부터 끝까지 읽어보고 싶었다.

그런 생각을 한 이유는 주석이 일절 없는 책을 과연 읽을 수 있을지 내 능력을 시험해보고 싶은 마음도 있었지만, 솔직히 말하면 이때는 "이제 이런 책도 읽을 수 있어"라는 우월감 비슷한 걸 맛보고 싶은 마음도 있었던 것 같다. 누군가에게 과시하겠단 생각은 없었지만.

생각은 이러했지만 당시 우리 집에는 원서라곤 하나도 없어서 영어 선생님을 찾아가 부탁했다. 그러자 선생님이 버트런드 러셀의 《서양철학사》를 빌려주셨다.

800쪽이나 되는 방대한 분량의 책이었다. 여름 동안만 빌리겠다고 약속하고 읽기 시작했다. 지금 생각해보면 고3 여름방학 때였는데, 예상외로 재미있어서 열심히 읽었다. 여름방학이라 시간이 있어서 읽을 수 있었던 것 같다.

영어는 물론이거니와 철학에 대해서도 잘 몰라서 수월하게 읽을 수는 없었지만, 러셀의 영어는 아주 명쾌해 영어를 보고 있다는 의식도 없이 책을 읽어갔다.

마침 그 무렵 니시다 기타로(西田幾多郎)＊의 《선(善)의 연구》와 교토학파라고 불리던 교토대학의 철학자가 쓴 책에 흥미가 생겨서 찾아 읽었는데, 영어로 된 러셀의 책이 훨씬 이해가 잘돼 놀랐다.

9월 1일에 여름방학이 끝났으나 빌린 책을 다 읽지 못했다. 약속보다 늦게 돌려드리는 것을 사과하자 선생님은 내가 끝까지 다 읽지 못할 것이라고 생각했는지 놀란 표정이었다. 이 책을 읽음으로써 영어 책에 대한 자신감이 생겼다.

● 1870~1945년. 일본의 철학자. 본인의 이름을 딴 니시다 철학의 창시자로 선(善)과 서양 사상을 융합하는 독자적 사상을 구축했으며, 교토대학 교수로서 교토학파를 형성했다.

영어로 된 책을 읽고 싶다는 것까지는 내 의지였지만, 본래라면 읽지 않았을, 펴보지도 않았을 책을 읽게 되었다는 의미에서 이 책은 내게 우연히 손에 들어온 책이다.

아버지의 책장에서 찾은
《독서만능》

조금 다른 우연한 만남도 있었다.

내 아버지는 책을 잘 안 읽는 분이라서 아버지에게는 책
장이 하나밖에 없었다. 아버지와는 달리 책이 필요한 일을
하게 된 나는 서재에 책이 많다.

고등학생인 아들이 학교에서 받은 필독서 리스트를 가져
와 내게 보여주며 갖고 있는 책이 있는지 자주 물었다. 나
는 거의 갖고 있었다. 이런 책은 어떠냐며 추천해준 적도
있다. 아버지는 내게 책을 추천해주신 적이 한 번도 없다.

영업사원이던 아버지가 퇴근 후 집에서 열심히 책을 읽는

모습을 본 기억은 없다. 장서가도 아니어서 집에는 책이 많지 않았다. 아버지의 책장에 뭔가 재미있는 책이 있는지 자주 들여다보았으나 거의 비즈니스 서적이었고, 내 관심을 끄는 것은 없었다.

그래도 때때로 아버지가 새로 산 책이 없는지 책장을 들여다보곤 했는데, 어느 날엔가 가토 슈이치(加藤周一)*의《독서만능》이 눈에 띄었다. 생각지도 못한 만남이었는데, 갖고 싶어서 구한 책이 아니었으니 이 또한 내게는 우연히 손에 들어온 책이다. 아버지는 이 책의 제목을 보고 실용서라고 생각하고 사셨는지도 모른다. 하지만 아버지가 기대한 내용이 아니었는지 읽은 흔적은 없었다.

하지만 중학생이었던 나는 이 책을 몇 번이나 읽었는지 모른다. 이 책에는 내가 알고 싶었던 내용이 잔뜩 담겨 있었다.

초등학교 담임 선생님 덕분에 책 읽는 즐거움을 조금 알게 되었는데, 앞으로 읽어야 할 책이 많다는 것, 또 이제 겨우 영어를 읽을 수 있게 된 참이지만 외국어로 된 책도 앞으로 공부하면 읽을 수 있겠다는 생각에 학교 공부만으로는 몰랐을지도 모를 배우는 즐거움(의 예감이겠지만)을 알게

* 1919~2008년. 일본의 작가이자 문예평론가. 도쿄대학 의학부에서 박사(뇌과학) 학위를 취득했다.

되었다.

곧 가토 슈이치의 책을 몇 권 더 읽고 나는 큰 영향을 받게 되었다. 그중에서도 《양의 노래》와 《속 양의 노래》(한국어판은 이 두 책과 몇 년 후 출간된 《양의 노래 그 후》까지 들어 있는 합본이다_옮긴이)가 그랬다. 이 책들을 통해 전쟁으로 치닫던 시대의 흐름에 저항한 지식인의 삶을 배운 것이 이후의 내 인생에 지대한 영향을 끼쳤다고 생각한다.

가토는 의학을 전공하면서도 도쿄대 프랑스 문학 강습회에 나와 와타나베 가즈오(渡辺一夫)*로부터 가르침을 받았다. 내가 어렴풋하게나마 장래를 생각하던 시절이었는데, 문학부라는 게 있다는 것도 이 책을 통해서 알게 되었다.

이 책에 묘사된 가토의 소년 시절 경험이 나와 같지는 않았지만 왠지 모르게 내 어린 시절을 떠올리게 했다. 가토에게 초등학교는 크게 지적 노력이 필요한 곳이 아니었다. 다만 그는 손재주가 없었다. 가토가 찰흙으로 만든 머리는 인간의 것으로는 보이지 않았다. 이게 뭐냐고 묻는 교사의 질문에 가토는 "네안데르탈인입니다"라고 대답했다. 네안데르탈인을 알지 못했던 교사에게 가토는 "피테칸트로푸스 에렉

● 1901~1975년. 일본의 프랑스 문학자. 대학에서 학생들을 가르치며 오에 겐자부로 등 많은 문학가를 키워냈다.

투스보다 진화한 인간의 선조라고 생각합니다"라고 대답했
는데, 교사에게는 가토가 건방진 아이로 보였을 것이다.

나는 건방지지는 않았지만 다른 사람에게 잘 보이려는 면
이 있어서 같은 상황이었다면 나도 가토처럼 행동했을 것이
라고 생각했다.

아버지는 자신이 가토 슈이치의 책을 샀는지 기억이나 하
실까. 하지만 그 책이 내게 끼친 영향을 생각하면 아버지는
나름대로 내게 공헌하셨다고 볼 수 있다.

그렇게 생각하면 읽지 않을지도 모를 책을 사두는 것도
유용할지 모른다. 나는 읽지 않아도 언젠가 누군가는 읽을
가능성이 있기 때문이다. 내 지인은 새로 나오는 책이라면
족족 구입한다. 그렇게 책을 사들이면 본인은 다 읽지 못하
더라도 대신 다른 사람이 손에 넣어 읽을 수도 있다.

책을 산 본인도 전부 사들이지 않았더라면 들춰 보지 않
았을 책을 한번 읽어볼까 하는 마음이 생길지도 모르고, 그
렇게 읽은 책으로부터 어떤 영향을 받을 수도 있다.

과외 선생님 덕분에
알게 된 것

중학교 2학년 때 교통사고로 입원한 적이 있다. 과외 선생님이 병문안을 와주셨는데, 스물일곱이던 선생님은 점잖은 사람이라 중학생인 내게는 형이라기보다 어른으로 보였다. 내가 그 나이가 되었을 때 나는 조금도 내가 어른이라고 생각하지 않았다. 하지만 중학생이던 나는 어른인 선생님과 친근하게 말을 섞을 수 없었다. 가족과 학교 선생님을 제외하고 존경심을 품었던 어른은 이 선생님이 처음이었는지도 모른다.

선생님은 교토대학을 졸업하고 회사에 취직했지만, 불교

를 공부하기 위해 다시 문학부에 입학했다. 이 사연은 내게 큰 영향을 주었다. 아버지의 책장에서 가토 슈이치의 《독서 만능》을 발견하고 학문의 분위기를 음미하던 시기와 겹치기도 했다.

선생님은 모리 오가이(森鷗外)*의 《모리 오가이 단편집》을 가지고 왔다. 〈인신매매 산쇼 다유(椒大夫)〉 〈다카세부네(高瀬舟)〉 〈기러기(雁)〉 등이 수록되어 있었다(다카세부네는 교토의 다카세가와 강을 오르내리는 배를 말한다_옮긴이). 당시의 내가 쉽게 읽을 수 있는 글은 아니었다. 하지만 나 스스로는 읽으려고 생각조차 못했던, 그런 책이 있는 줄도 몰랐던 책을 읽을 수 있게 된 것은 다행이라고 생각한다.

애초에 과외를 받게 되리라고는 상상도 못했다. 교토 시내에 있는 사립고등학교에 진학하면 어떻겠느냐는 담임 선생님의 권유가 과외를 하게 된 계기였다. 학교 공부만으로는 부족하다, 과외 선생이 필요하다는 선생님의 말에 과외를 하게 되었고 매주 토요일에 이 선생님이 가르치러 오셨다.

만약 이 과외 선생님이 법학부나 경제학부에 다니는 좀 더 젊은 사람이었다면 이후의 내 인생은 꽤나 달라지지 않았을까?

● 1862~1922년. 군의관 출신의 일본의 소설가이자 번역가. 육군 군의관으로 독일 유학 중 서양 문학을 공부하고 귀국 후 일본 문학 근대화에 공헌했다.

다시 말하지만, 선생님은 대학 졸업 후 취직을 했다가 다시 학교에 입학해 막 불교 공부를 시작한 참이었다. 나는 그저 평범하게 사는 사람들만 알던 터라 대학을 나오고 나서 다시 공부를 해도 된다는 걸 알고 놀랐다. 내 아버지는 의약품 도매업체에서 영업사원으로 일하셨고, 언젠가는 나도 평범한 회사원이 되리라고 막연히 생각했던 것이다.

모리 오가이의 소설이 당시의 나라면 집어 들 일이 없던 책이었듯이 그때까지의 내 인생에서 전혀 만나본 적 없는 유형의 사람과 만난 것은 내게 의미 있는 일이었다고 생각한다.

과외 선생님은 늘 보자기에 책을 싸서 들고 왔는데, 어느 날 그 보자기 틈 사이로 책 제목이 보였다. 《불교에서의 시간과 영원(仏教における時と永遠)》이었다고 기억하는데, '시간과 영원'은 나중에 영향을 받게 된 철학자 하타노 세이이치(波多野精一)*의 《시간과 영원》과 기억이 뒤섞였는지도 모르겠다. 제목을 봐봤자 어떤 내용의 책인지는 조금도 이해할 수 없었을 테니 선생님에게 지금 읽고 있는 책이 뭐냐고 일절 묻지 않았다.

선생님이 보자기를 쓰는 건 나도 똑같이 따라 했다. 선생

● 1877~1950년. 종교 철학자로 기독교적 측면의 철학적 사고를 주로 다뤘다.

님이 쓰는 만년필을 보고 나도 갖고 싶어서 펜촉 두께까지 똑같은 같은 브랜드의 것을 샀다. 내 용돈으로는 살 수가 없어서 부모님이 사주셨겠지만, 부모님을 어떻게 설득했는지는 기억나지 않는다.

보자기와 만년필뿐 아니라 당시에는 아직 막연했으나 학문에 대한 자세와 같은 것도 내게 전해진 듯하다.

교토 시내에서 멀리 떨어진 곳에 살던 터라 토요일에 수학과 영어 과외를 한꺼번에 받았다. 어머니는 선생님을 위해 저녁도 짓고 목욕도 할 수 있게 준비해두셨다.

사이사이 쉬는 시간도 있었을 텐데 세상 돌아가는 얘기나 불교에 관한 이야기를 들은 기억이 없다. 내게 선생님은 너무 어른이었던 것이다.

중학교를 졸업할 때까지 과외를 받을 생각이었으나 선생님이 졸업 논문으로 바빠져서 입시가 본격적으로 시작되기도 전에 과외는 끝이 났다.

그리고 나서 10년도 더 지나 선생님과 대학에서 다시 만났다. 당시 나는 우여곡절을 거듭한 끝에 그리스 철학을 공부하기 시작했다. 선생님에게 왜 여기 계시냐고 물었더니 그 해부터 티베트어를 가르치시게 되었다고 했다. 불교의 경전은 산스크리트어로 쓰여 있는데, 산스크리트어로 된 원전이 소실된 경우는 티베트어 번역본으로 읽지 않으면 안 된다.

불교와 철학의 차이는 있지만 내가 선생님과 비슷한 학문을 공부하는 것을 알고 선생님이 어떻게 생각하셨는지는 잘 모른다. 나는 그제야 비로소 중학생이었던 내가 일주일에 한 번 수학과 영어를 배웠던 것만으로도 선생님으로부터 큰 영향을 받았다는 걸 알았다.

내 운명의 만남,
《소크라테스의 변명》

논문과 원고를 쓸 때 우연히 구한 책으로 난국을 타개한 경험이 몇 번 있다. 나중에 이 책을 구하지 못했더라면 아마도 논문과 책을 쓰지 못했을 것이라고 생각한 적도 있다.

하지만 정말 그랬을까? 다시 말해, 만약에 그 책을 발견하지 못했더라면 만족할 만한 책을 쓰지 못했느냐고 한다면 이제 그건 아니라고 생각한다.

어쩌면 그때 그 책을 손에 넣지 않았더라면 책을 쓰지 못했을 것이라는 스토리를 만들고 싶었는지도 모른다.

반대로 나중에 누군가에게 신간을 소개받아 읽고, 이 책을 읽었더라면 더 좋은 논문을 썼을지도 모르는데 하며 훌륭한 논문을 쓰지 못한 핑계를 댈 수도 있다.

사람과의 만남도 마찬가지다. 운명이라고 생각되는 사람과 만나서 그 후의 인생이 크게 달라졌다고 말하는 사람이 있는데, 그게 사실인지는 누구도 알 수 없다. 책이든 사람이든 만났다고 해서 그것이 인생을 바꾸는 것은 아니다.

쓰지 구니오(辻邦生)•가 고다 아야(幸田文)••와 만났던 날에 대해 다음과 같이 풀어놓았다. 이날 두 사람은 인생의 '인연'이라는 주제로 대담을 했다. 쓰지는 이때 50대 중반이었고, 고다는 나이가 훨씬 많았으나 시원시원하고 청초한 매력이 흘러넘쳤다. 여름용 기모노를 입은 고다는 등을 꼿꼿이 펴고 이렇게 말했다.

오늘은 정말로 좋은 인연을 얻었습니다. 하늘이 내려주신 인연이죠. 전 쓰지 씨를 뵐 인연이 없다고 생각했어요. 전혀 다른 세상에 살고 있고 나이 차이도 많

• 1925~1999년. 일본의 소설가이자 프랑스 문학자.
•• 1904~1990년. 일본의 소설가이자 수필가. 아버지가 일본 근대 문학에 크게 기여한 메이지 시대의 소설가 고다 로한(幸田 露伴)이다.

이 나니까요. 이 만남을 내 일흔일곱의 여름에 얻기 힘든 인연이라고 생각하고 오늘 이렇게 찾아뵈었습니다.

— 쓰지 구니오, 미즈무라 미나에(水村美苗)●의《필담》

우연이든 누군가의 추천이든 책을 손에 쥔 것이 '인연'이 된다고는 할 수 없다. 책이든 사람이든 우연한 만남을 필연으로 바꾸지 않으면 안 된다.

절망에 빠져 삶의 의욕마저 잃었던 니체는 어느 가을밤에 라이프치히의 고서점에서 책 한 권을 만났다. 그의 귓가에 이 책을 사서 돌아가라는 악마의 속삭임이 들려왔다.

돈을 몽땅 털어 책을 산 니체는 그로부터 2주 동안 새벽 2시에 잠자리에 들었다가 아침 6시면 자리에서 벌떡 일어나 홀린 듯이 책을 탐독했다. 이 책은 바로 쇼펜하우어의《의지와 표상으로서의 세계》로, 이 책과의 만남이 훗날 니체 사상의 근간을 이루었다. 마치 쇼펜하우어가 나를 위해 써준 건가 싶었다고 니체는 말했다. 그러한 책과의 행복한 만남이 일생에 몇 번은 있을 것이다.

언젠가 도서위원을 하고 있을 때 '영혼을 뒤흔든 한 권의

● 1951년생. 일본의 소설가. 해외파로 2003년 제54회 요미우리문학상을 수상했다.

책'이 있느냐고 선생님들에게 설문을 돌렸는데 윤리사회 선생님이 나를 부르셨다. "영혼을 뒤흔든 책이 한 권일 리가 없지" 하며 한 권만 꼽으라는 발상의 허점을 지적하셨다. 그때 선생님의 영혼을 뒤흔든 책은 뭐였는지 한 권이라도 들었다면 좋았겠지만 물어본 기억이 없다.

책이 영혼을 뒤흔드는지 어떤지는 물론 양서이냐 하는 것에 달렸겠지만, 무엇보다 독자가 그 책을 어떻게 받아들이느냐 하는 것에 달려 있다. 그런 의미에서 영혼을 뒤흔든 책을 한 권만 꼽기란 어려운 일이다.

내게 중요한 의미를 지닌 책 중 우연히 만난 것을 꼽으라면 플라톤의 《소크라테스의 변명》을 들 수 있다.

어느 날 윤리사회 수업 중에 그리스어 알파벳을 읽는 법을 배웠다. 내가 다니던 학교는 인문고라서 입시 위주의 수업이 많았는데, 이 윤리사회 시간은 입시와는 거리가 멀었다. 장차 철학을 공부하고 싶었던 나로서는 이 수업을 받기 위해 이 고등학교에 들어온 게 아닐까 싶을 정도로 매번 관심을 가지고 수업에 임했다.

그날은 그리스 문자 읽는 법을 배웠을 뿐 아니라 《신약성서》〈요한복음〉의 첫머리 한 구절도 읽었다. 당시 노트를 보면 문법을 배운 것도 알 수 있다.

다음 날, 반 친구 한 명이 책 한 권을 가지고 와서 내게 준다고 했다. 그 책이 《소크라테스의 변명》이었다.

"할아버지 책장에 있더라. 할아버지는 그리스어 못 읽으시니까 너 가져."

친구가 말했다. 그래서 그 책은 내 책장에 들어오게 되었다. 《원전 플라톤 소크라테스의 변명(原典プラトン ソクラテスの弁明)》(다나카 미치타로 교정·주석)에는 그리스어 본문과 그 배 이상의 길이로 자세히 적힌 주석이 달려 있었다. 물론 그리스어를 읽을 수 있는 것은 아니었지만, 플라톤이 쓴 글을 시공을 뛰어넘어 요즘 시대에 만날 수 있게 된 것에 가슴이 뛰었다.

그리스어를 배우기 시작한 것은 그로부터 몇 년 후의 일이었다. 하지만 이때 《소크라테스의 변명》과 만나지 않았더라면 이후의 내 인생은 지금과 전혀 달랐으리라고 생각한다.

나는 고등학생이라고 해서 수준을 낮추지 않은 선생님에게 수업을 받음으로써 내가 어른이 된 것 같았다. 머지않아 선생님의 영향으로 장차 철학을 공부하고 싶다고 생각하게 되었다. 그런데 어느 날 선생님이 교무실로 나를 불러 말씀하시기를, 세상에나 내가 대학에서 철학 전공하는 걸 반대하신다는 것이다.

생활을 꾸려나가기 어렵다는 것이 그 이유였다. 선생님도 평생 철학을 공부하지 않았는가. 나는 선생님의 말씀을 조금도 납득할 수가 없었다. 철학을 하려면 책이 많이 필요하다, 이사할 때마다 그 많은 책들을 옮겨야 한다, 깨끗한 책뿐 아니라 고서도 있어야 한다는 둥 내가 보기에는 본질과 관계없는 말씀만 계속하셨다.

나는 장서가는 아니다. 그래도 한번 집에 들인 책은 내보내는 법이 없다 보니 언젠가부터 책이 늘어났다. 이사가 문제가 아니라 책을 보관하기가 힘들다는 걸 선생님은 가르쳐주시려던 것이리라.

만약에 내가 선생님과 같은 입장에 놓여 철학 전공을 하고 싶다는 학생의 상담을 받는다면, 책에 관해서는 입도 벙긋하지 않겠지만 대놓고 괜찮다고 말하지는 못하리라. 철학 공부가 세간에서 말하는 성공을 약속할 리가 없으니 고생할 각오가 되어 있는지는 알고 싶을 것 같다. 그때 선생님도 이런 생각으로 대학 진학을 철학으로 하는 것을 반대하셨을 것이다.

거듭되는 설득에도 내 결심이 흔들리지 않자 선생님은 책한 권을 같이 읽자고 제안하셨다. 마르크스의 《경제학 비판》 서문이었다. 이 책을 가지고 토요일 방과 후 개인 수업을 받게 되었다. 당시 학교 옆 대학에서 선생님이 강의하실 때 쓰던 교재(줄판)를 그대로 사용했다.

인간의 물질적 생산 활동이야말로 역사의 중심이며, 역사를 움직이는 것은 개인의 이상이나 열정이 아니다. 생산양식(=생산력+생산관계)으로서의 '토대' 혹은 '하부 구조'가 법률 또는 정치, 사회 제도 등의 '상부 구조'와 이데올로기, 문화, 도덕, 종교, 예술, 사상 등의 관념 형성을 규정한다. 자본주의라는 하부 구조가 붕괴되고 사회주의 그리고 곧 공산주의가 대두하면 그러한 하부 구조(토대) 위에 쌓인 상부 구조도 모두 무너진다.

역사를 움직이는 것이 통제 불가능한 생산력이라는 개념은 당시의 나로서는 납득하기 어려웠다. 통제 불가능한 생산력이 역사를 움직인다는 설명을 듣고 나는 크게 반발했다. 마르크스가 자신의 철학은 자기가 말한 역사 법칙의 적용을 받지 않는다고 한 것이 자기모순으로 느껴졌기 때문이다. 하부 구조의 변화로 인해 마르크스의 철학 또한 붕괴될 수밖에 없었기 때문이다.

선생님은 이러한 마르크스의 이론으로 하부 구조가 바뀌면 모든 게 무너지듯이 철학을 배워봤자 의미 없다는 것을 알려주시려고 했던 것 같다. 선생님은 교토제국대학에서 니시다 기타로의 가르침을 받았는데, 태평양 전쟁 이후 공직에서 추방되었다는 이야기를 들었다. 고등여자사범학교 교장까지 지냈던 선생님은 전쟁이 끝나고 교토로 내려와 고등학교 교사가 되었다. 마르크스 사상을 내게 알려준 것과 같은 일이 공직 추방의 원인이 되지 않았나 싶지만 확인하지는 못했다.

선생님은 그저 이사할 때 책이 많아서 힘들다는 이유로 내게 철학을 포기하도록 하셨지만, 마르크스의 말처럼 철학은 토대의 붕괴와 함께 사라지는 것이 아닌 보편적 학문이라고 생각했기에 나는 철학을 공부하기로 마음을 굳혔다.

교재로 삼은 프린트에는 독일어 원문도 실려 있었는데, 내가 독일어도 읽었으면 좋겠다고 하자 선생님은 고등학생이 어째서 독일어를 읽을 수 있는지에 대해서 전혀 묻지 않으셨다. 이때도 어른으로 인정받았다고 생각했다.

학교에서 이 선생님의 수업을 받은 사람이 물론 나만 있었던 것은 아니었으나 모두가 철학 공부를 하게 되었느냐고 한다면 그렇지는 않다. 과외 선생님도 나만 가르쳤던 건 아닐 것이다.

내 주위에 장차 나를 철학으로 이끄는 뭔가가 자라고 있던 것이다.

가슴속에
공명을 일으키는 책

어떤 순간에 책과의 우연한 만남이 읽는 이의 인
생을 바꾸는 걸까?

모리 아리마사(森有正)[*]는 이렇게 말했다.

> 릴케의 이름은 내 안의 숨은 부분에 레저넌스(resonance)
> 를 일으켜서 내가 정말로 무엇을 바라는지, 동시에
> 내가 거기서 얼마나 멀리 떨어져 있는지를 아무런 의

● 1911~1976년. 일본의 철학자이자 프랑스 문학자.

심 없이 명확하게 일깨워준다.

—《모리 아리마사 전집(森有正全集)》제4권 중 〈릴케의 레저넌스〉

모리는 릴케가 자신에게 미치는 영향이 바로 공명(레저넌스, 내 내부의 공명)이라고 말했다. '릴케'라는 이름만 들어도 자기 안에 숨은 부분에 레저넌스가 일어난다는 것이다.

적극적으로 작용하는 것도 아니고, 그렇다고 아무런 작용을 하지 않는 것도 아니며, 타인을 지배하려고도 타인으로부터 지배받으려고 하지도 않으며 자신에게 그대로 영향을 미친다. 바로 이것이 '레저넌스'다.

독일의 작가 루 살로메와 열정적으로 연애한 남자는 9개월 후에 책 한 권을 완성했다. 그녀와 교류가 있었던 니체와 릴케도 살로메에게 영감을 받아 책을 쓰고 시를 지었다.

책을 쓰는 것까지는 아니더라도 사랑을 하게 되면 읽는 책이나 듣는 음악이 달라지는 경험을 한 사람이 많을 것이다.

책을 읽을 때 이러한 변화가 자발적으로 일어난다. 하지만 공명이 일어나기 위해서는 주파수가 맞아야 한다. 독자가 읽을 준비가 되어 있어야 하는 것이다.

젊은 나이에 세상을 떠나신 내 어머니는 만년에 테오도르 슈토름의 《임멘 호수》라는 소설을 독일어로 읽었다.

영어를 잘했던 어머니는 내가 중학생이 되면 영어를 가르쳐주시겠다고 했다.

내가 중학생이 되자 어머니는 약속대로 내게 영어를 가르쳐주셨다. 불행인지 다행인지 내가 금세 실력이 늘어서 머지않아 어머니는 내게 가르치실 게 없어졌다.

그 후 내가 대학생이 되자 어머니는 내게 독일어를 배우고 싶으시다고 했다. 그래서 문법만 대충 가르쳐드렸는데, 이후 어머니는 끈기 있게 사전을 들춰가며 슈토름의 소설을 읽기 시작했다. 왜 같이 읽지 않았는지 지금으로서는 알 수 없지만, 그 무렵엔 내가 공부하느라 바빠서 어머니에게 독일어를 가르쳐드릴 시간이 없었을 것이다.

어머니가 돌아가시고 꽤 오랜 시간이 흐른 뒤에 《임멘 호수》를 읽어보기로 했다. 어떤 이야기인지 책 내용을 알고 싶어서는 아니었다. 어머니가 이 책의 어느 면에 끌리셨는지, 이 책을 읽을 때 어떤 생각을 하셨는지 알고 싶었을 따름이다. 그런 생각으로 책을 읽는 것은 가슴이 뛰는 경험을 안겨주었다.

어머니를 생각하며 《임멘 호수》를 읽자 내 안에 '레저넌스'가 일어났다.

세상을 떠난 사람이 아니어도 상관없다. 내가 좋게 생각하는 사람이 어떤 책을 읽는지 관심을 갖는다면 그 사람이 읽는 책을 읽고 공명할 수 있을 것이다.

아들러는 "상대방의 관심사에 관심을 갖는다"라고 표현했다. 관심 있거나 존경하거나 호감 가는 사람이 읽는 책에 관심이 생겨서 그때까지 읽어온 작품과는 전혀 다른 성향의 책을 읽게 되는 경우도 자주 있다.

좋아하는 사람에게 이런 식의 관심을 갖지 않는 사람은 만나서 대화할 때 자기 얘기만 하게 될지도 모른다. 반대로 얼마 전 이야기한 그 작가의 책을 나도 읽었다는 식으로 말하는 사람을 만난다면 나에게(정확히는 내 관심사에) 관심을 가져준다는 생각에 기쁘고 고마울 것이다.

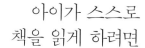
아이가 스스로
책을 읽게 하려면

앞서 말했듯이, 아들이 고등학생일 때 자주 학교에서 배부한 필독서 리스트를 보여주며 갖고 있는 책이 있느냐고 묻곤 했다. 대부분의 책을 가지고 있던 터라 그런 환경에서 자란 아이가 책을 좋아하게 된 것은 어떤 의미에서는 당연하다고도 할 수 있다. 그러면 그런 환경에서는 어떤 아이도 책을 좋아하게 되느냐고 한다면 꼭 그렇지는 않다.

"뭐 재미있는 책 없어?"라고 아들이 묻기에 "내가 쓴 책이라면 서재에 잔뜩 있는데"라고 말했다가 "아빠 책은 됐어"라고 단칼에 거절당했다. 아들은 부모에게 기대지 않고 읽고 싶은 책을 스스로 찾아서 읽는 아이였다.

상담할 때 아이가 별로 책을 읽지 않는데 어떻게 하면 좋겠느냐는 질문을 자주 받았다. 억지로 읽으라고 강요하지 않는 것이 제일 중요하다고 생각한다. 부모가 읽으라고 권하면 오히려 읽지 않을 수도 있다. 실상 아이가 책을 읽기 시작하면 또 그것 때문에 학교 성적이 떨어지는 것 아니냐고 걱정하는 부모도 있다.

부모가 책 읽는 모습을 보면 아이가 영향을 받아서 저절로 책을 읽게 될지도 모른다. 하지만 책만 읽는 생활에 질려서 또 멀리하게 될지도 모른다. 어떤 책이 좋으냐고 묻는다면 "이 책 재미있었어" 하고 추천할 수는 있겠으나 이 책은 꼭 읽어야 한다는 식은 피하는 편이 좋겠다.

아이가 어떤 계기로 책을 읽게 되는지는 잘 모르겠다. 내 딸아이가 내 책을 읽기 시작한 것은 결혼하고 아이를 낳고부터였다. 누구나 경험하는 일이지만 육아는 좀처럼 뜻대로 되지 않는다. 아이가 밤에 자려고 하지 않거나 몇 번이나 밤중에 깨서 난감할 때 내가 육아서를 여럿 펴냈다는 걸 생각해낸 딸아이가 내가 추천한 책을 차례로 읽기 시작했다.

지금은 "우리 아빠 책이 내 육아 지침서야"라며 친구들에게 추천한다.

책 속에서
영원히 사는 사람

책을 읽으면 그 책의 저자가 이미 세상을 떠났을
지라도 거기에 있는 것처럼 느껴질 때가 있다. 그럴 때는 책
을 읽는다기보다는 그 사람과 대화를 나누는 기분이 든다.

쓰지 구니오가 《나무의 소리 바다의 소리(樹の声 海の声)》라
는 소설 속에 등장하는 아리시마 다케오의 아내인 야스코
에 대해 언급한 적이 있다(쓰지 구니오의 《미광의 길微光の道》).
야스코의 죽음을 그릴 때 "나 자신이 눈물을 금할 길 없었
다"라고. 마침 쓰지는 그 장을 가루이자와에 있는 자택 2층
에서 완성했다.

8월 6일 오후였다. 원고를 봉투에 넣고 한숨 돌린 순간, 배후에서 사람의 기척이 느껴졌다. 아내가 이따금 발소리를 죽이고 갑자기 놀라게 할 때가 있어서 또 짓궂은 장난을 하나 생각하고 선수를 쳐 왁 하고 뒤로 돌았다. 하지만 거기에는 아무도 없었다. 분명 인기척이 느껴졌는데, 하고 생각했지만 그때는 그냥 그대로 지나갔다.

나중에 자료를 정리하다 쓰지는 8월 6일이 야스코의 기일이었다는 걸 떠올렸다.

더 이상 죽은 사람을 지각할 수는 없다. 그 모습을 볼 수도, 목소리를 들을 수도, 손으로 만질 수도 없다. 하지만 꿈속에서는 죽은 사람과 만날 수 있다. 그때 그 사람은 살아 있을 때와 조금도 변함없이 현재도 살아 있는 것처럼 느껴진다. 책을 읽을 때도 마찬가지다. 꿈속에서 죽은 사람과 재회하는 기분이 든다.

때로는 고인이 생전에 했던 말이 부지불식간에 떠오를 때도 있다. 물론 책을 읽으면 거기에 말이 기록되어 있다. 후지와라노 사다이에(藤原定家, 일본 중세 시대 최고의 시인으로 평가받는 인물_옮긴이)는 이렇게 노래했다.

가르쳐주신 그 말을 볼 때마다 다시 물어볼 수가 없어 참으로 슬프구나.

이제 더 이상 직접 배울 수가 없다. 하지만 그 사람이 남긴 것은 있다. 그때 그 사람이 대체 무엇을 말하려고 했던 건지를 생각해본다. 고인은 이제 지각할 수 있는 형태로 나타날 수는 없지만, 상기할 수는 있다. 닮은 모습으로도 기억하는 형태로도 아닌 고인이 사실상 생전 모습 그대로 나타나는 것이다(오모리 쇼조大森莊蔵*의《일상을 철학한다》).

살아 있는 사람도 늘 가까이 있는 것은 아니다. 가까이 없는, 또는 오래 만나지 못한 친구를 떠올리는 것은 죽은 사람을 떠올리는 것과 같다. 눈앞에 없어도, 목소리를 듣지 못해도, 손으로 만질 수 없어도 그 사람을 가까이 느낄 수 있다. 차이가 있다면, 살아 있는 사람과는 다시 만날 가능성이 있지만 죽은 사람은 그럴 수 없다는 것이다.

저자와 독자는 고인이나 멀리 떨어져 있는 사람처럼 연결되어 있다.

입원해 있을 때 주치의가 이렇게 말했다. "책은 쓰세요. 책

● 1921~1996년. 일본의 철학자로 심리학자, 생리학자, 언어학자, 작가로도 활동했다.

은 영원히 남으니까요." 입원 기간은 한 달 정도라고 했지만 퇴원해도 몸이 바로 좋아진다고는 예상할 수 없었다. 그때 아무리 상태가 나빠도, 단 한 발짝도 나가지 못하는 한이 있더라도 최소한 집에서 책을 쓸 수 있는 정도로만 회복시켜달라고 의사에게 말했더니 이런 대답이 돌아왔다.

그 무렵 나는 이미 침대에서 일어나 컴퓨터로 원고를 쓰고 있었다. 그 모습을 본 의사가 만약에 지금 상태가 좋지 않다면 그렇게 일어나 있을 수도 없을 거라면서 웃었다. 물론 심근경색으로 쓰러진 건 나로서는 처음 겪는 일로 앞으로 어떻게 될지 전혀 상상할 수 없었지만, 많은 환자를 지켜봤던 의사는 내 상태가 그렇게 나쁘지 않다는 것을 알고 있었던 것이다.

그러나 "책은 영원히 남는다"란 의사의 말은 그 후로도 오래도록 기억되었다. 나는 죽어도 책은 남는다면, 독자의 마음속에서 영원히 살아남을 수 있겠다는 생각이 들었기 때문이다.

얼핏 들으면 심한 말로 여겨질 수도 있지만, 책을 쓸 수 있을 정도로는 회복할 수 있다는 의미에서 의사의 말은 내게 희망을 안겨주었다.

내가 앞으로 어떻게 될지는 모르겠지만, 의사가 말한 것처럼 내 책이 영원히 남는다면 나는 그 책 안에서 영원히 살수 있다. 그런 의미에서 불사를 바라는 것에 대해서 생각은 해봐야겠다. 하지만 이미 세상에 없는 저자라 할지라도 책을 읽는 동안에 여전히 살아 있는 것처럼 느껴질 때, 내가 죽은 이후 누군가가 내 책을 읽는 것을 상상하게 된다.

지금 여기에 있어
다행인 책

읽는 사람이 준비가 되어 있지 않으면 아무리 평가가 좋은 책이라도 마음에 와닿지 않는다.

또 책을 샀는데 당장은 별 도움이 안 될 것 같아서 펼치지도 않고 그대로 책장에 꽂아두기도 한다. 그러다 몇십 년 후에 필요해서 다시 꺼내서 읽는다. 내게는 비교적 자주 있는 일이다. 그럴 때는 이 책이 '지금 여기'에 있어서 다행이라고 늘 생각한다.

내 지도교수였던 후지사와 노리오의 환갑 축하연을 연구실 사람들과 함께 기획한 적이 있다. 선생님이 소포클레스의

108

《오이디푸스 왕》을 번역하셨으니 이 비극을 고대 그리스어로 상연하자고 얘기했다.

그때 원문 텍스트를 샀는데, 그 무렵에는 플라톤의 대화편을 읽는 것도 벅차서 비극까지 읽을 엄두는 내지 못했다. 그 후 30년쯤 지나서 저작에 인용할 일이 있어 그때 샀던 책을 다시 꺼냈다.

고등학생 때 담임 선생님이 무릇 연구자란 지금 어떤 책이 필요할 때 그 책을 당장 자신의 책장에서 찾을 수 있어야 한다고 말씀하셔서 놀란 적이 있다. 지금은 그 말이 그렇게 과장이 아니라는 생각이 든다.

지금은 당장 읽지 않을 책이라도 사두지 않으면 금세 서점에서 사라진다. 그나마 지금은 인터넷에서 헌책을 살 수 있어서 절판된 책이라도 이전보다 수월하게 구할 수는 있지만 말이다.

그래도 지금 사두면 언젠가 그 책을 읽을 수는 있다. 나중에 읽는다는 게 연구를 위해 필요하다거나 하는 실용적 이유 때문만은 아니다. 앞서 살펴본 것처럼 독자가 성장해 책과의 공명이 일어났을 때 예전에 샀던 책이 '지금' 나에게 '영혼을 뒤흔드는 한 권의 책'이 되는 것이다.

바로 다 읽지 않아도
괜찮습니다

　다른 사람의 추천이 있어 읽어보았으나 별 재미가 없어 포기한 책도 있고, 지금의 나에게는 필요가 없다고 판단되어 읽는 도중에 그만둔 책도 있다. 최근에는 책을 처음부터 끝까지 한 번에 읽은 적이 거의 없다.

　도스토예프스키의 《카라마조프 가의 형제들》을 읽은 것은 대학생 때였다. 내가 이 책을 재미있게 읽었던 것을 어머니가 기억하시고는 입원하시게 되었을 때 아직 이 책을 못 읽어봤다며 읽어보고 싶다고 말씀하셨다.

　앞서 말한 대로 그보다 훨씬 전에 어머니에게 독일어를 가

110

르쳐드린 적이 있었는데, 다시 한 번 공부하고 싶다는 말씀이었다.

하지만 곧 인내심이 바닥나서 독일어 공부는 포기하고 《카라마조프 가의 형제들》을 읽기로 했다.

매일 몇 시간씩 읽었는데도 그리 많이 읽지는 못했다.

나는 처음에 이 책을 읽는 것을 주저했다. 첫 번째로는 그 책에 《신약성서》의 다음과 같은 구절이 나오기 때문이다.

> 내가 진실로 너희에게 이르노니 한 알의 밀이 땅에 떨어져 죽지 아니하면 한 알 그대로 있고, 죽으면 많은 열매를 맺느니라.

이미 죽음이 가까워졌다고 예감할 정도로 상태가 좋지 않았던 어머니에게 죽음에 대해 말하는 이 구절을 들려드려도 될는지 망설여졌다.

두 번째로는 형제들의 어머니가 아버지와의 관계가 좋지 않았다고 말하는 장면이 나오는데, 그 시절 부모님의 관계가 과연 좋은지 나쁜지 잘 몰랐던 나로서는 어머니가 행여나 당신들의 관계를 연상하시기라도 할까 봐 읽어드리기가 주저되었다.

머지않아 어머니의 의식 수준이 바닥으로 떨어지자 책 읽는 걸 포기해야만 했다. 읽어드려도 어머니가 꾸벅꾸벅 조시며 듣지 않는 시간이 늘어났기 때문이다.

물론 듣고 계시냐고 묻지는 않았다. 하지만 어머니가 듣고 계시다 생각해서 소리 내어 읽은 터라 어머니가 듣지 않으시는데 굳이 소리 내어 읽을 필요는 없었다.

어머니는 《카라마조프 가의 형제들》을 끝까지 다 읽지 못하셨다.

읽는 것을 한번 중단하자 언제 다시 읽게 될지 알 수가 없었다. 또 읽고 싶어질지도 모르지만, 두 번 다시 손에 드는 일이 없을지도 모른다.

읽다가 그만두고 다시는 읽을 일이 없는 책이라 할지라도 배우는 것은 있다.

다 읽을 때까지 몇십 년 걸린 책도 있다. 릴케의 《말테의 수기》는 대학 독일어 시간 때 처음 읽었는데, 독일어 실력이 충분치 못해서 내용을 거의 이해하지 못했다.

나중에 릴케의 서간과 다른 작품은 읽었으나 《말테의 수기》를 끝까지 읽은 것은 쉰을 넘어서였다.

쭉 마음에 담아두지 않고 존재를 까맣게 잊거나, 읽어야지 하고 의식의 저편에 미뤄두었던 책도 있는데, 《말테의 수기》는 후자에 속한다.

　책을 바로 읽지 않는다고 해서 나쁘다고 생각지는 않는다.
어쩌면 이것은 정신적인 쌓아두고 읽기라고 할 수 있겠다.

체험이
경험이 되기 위해서는

차례차례 새로운 책을 읽는 것도 좋지만, 여러 번 다시 읽은 책을 가까이 두면, 가끔 어떤 책을 읽을까 망설여질 때 주저하지 않고 집어서 읽을 수 있다.

내 전공 분야라서 꼭 재미있어서만은 아니지만, 플라톤의 대화편은 여러 번 다시 읽었다. 앞서 헤라클레이토스가 "우리는 같은 강에 두 번 들어갈 수는 없다"고 말했다고 했다. 여러 번 다시 읽어도 새로운 발견을 할 수 있는 것은 읽을 때마다 나 자신이 성장해 전에 읽었을 때와는 다르게 읽히기 때문이다.

내가 가장 자주 보는 책은 내가 쓴 책이다. 내가 쓴 글인데도 다시 읽으면 다른 의미가 보인다. 집필할 때는 경험하지 못했던 것들을 그 후의 삶에서 경험하기 때문이다. 그래서 일이 잘 풀리지 않을 때는 예전에 내가 쓴 책에서 이전과 다른 의미를 발견하고 해결의 실마리를 찾는다.

고등학생, 대학생 시절에는 같은 책을 다시 읽은 적이 없었다. 같은 책을 다시 읽게 된 것은 좀 더 나이 든 후의 일이다.

내가 여러 번 다시 읽은 책이 있다면 철학자 모리 아리마사와 쓰지 구니오의 것들이다. 두 사람 다 내가 장차 써보고 싶다고 생각한 책을 썼다. 모리의 《바빌론 시냇가에서(バビロンの流れのほとりにて)》는 프랑스에서 생활하며 일상에서 떠올린 생각들을 일본의 친구에게 써서 보낸 서간 형식의 책이다.

모리는 '체험'과 '경험'을 구별해, 과거에 딱 한 번 겪은 일이라도 매번 똑같이 말하는 '체험'이 아니라 끊임없이 그 사건의 의미를 반추해 새로운 의미를 발견해감으로써 '경험'으로 만들지 않으면 안 된다고 말했다. 나는 이 점에 흥미를 느꼈다.

무슨 일이든 금방 이해할 수 있는 것은 아니다. 진정으로 이해하기 위해서는 경험이란 수준까지 끌어올리지 않으면 안 된다. 몇십 년에 걸쳐 조금씩 이해에 도달하는 식으로 뭔가를 배울 수 있다는 것을 나는 이 책을 통해 알았다. 모리가 어떤 말을 했는지 더 알고 싶어져 전집도 구해서 읽었다.

모리가 논문이 아닌 형식으로 자신의 철학을 말하는 것에서도 영향을 받았다. 언젠가 《바빌론 시냇가에서》와 같은 책을 써보고 싶은데, '언젠가'라고 막연히 미루다가 생명이 다하는 것은 아닌가 싶어 요즘에는 조금 서둘러야겠다고 생각하는 참이다.

모리가 영향을 받은 쓰지 구니오의 소설도 자주 읽었다. 특히 《어느 생애의 7가지 장소(ある生涯の七つの 場所)》는 따로 카드를 만들어가며 읽을 정도였다. 예를 들어, 〈붉은 장소에서의 삽화(赤い場所からの挿話)〉라면 '눈이 오기 전, 눈이 온 후'에는 붉은색 물방울이 나오는 식으로 소설 어딘가에 뭔가 붉은색 물질이 나오는데, 표현이 절묘하여 나로서는 도저히 이렇게 쓰기 힘들겠다고 생각한 부분을 B6판 카드에 적어두었다.

이렇게 정성 들여 소설을 읽고, 박사과정에 들어가면 나도 소설을 써야지 하고 마음먹었으나 아직 그 꿈을 이루지 못했다. 박사과정은 물론이고 석사과정 동안 공부하는 데 시간을 너무 빼앗겨 평생의 공부를 다 하는 것이 아닌가 싶을 정도로 바빴기 때문이다.

내가 고가 작가와 함께 쓴 《미움받을 용기》를 보면, 소설가를 꿈꾸지만 바쁘다는 핑계로 좀처럼 작품을 마무리하지 못하는 젊은 친구에 대해 철학자가 말하는 장면이 나온다. 그 젊은 친구의 모델이 바로 나다. 철학자는 그가 문학상에 응모하지 않는 것은 응모하지 않음으로써 '할 수 있다'라는 가능성을 남겨두고 싶은 거라고 매섭게 잘라 말했다.

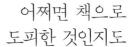

어쩌면 책으로
도피한 것인지도

요새는 원고를 쓰면서 지내는 날이 많아서 예전 만큼 책을 읽지 못하게 되었다. 시간이 없다는 의미는 아니다. 현재 관심사와 먼 책을 읽으면 집중력이 끊어지는 기분이 들기 때문이다.

그런데 사실은 집중력이 끊어진다는 건 거짓말이다. 원고가 막힐 때 집중력을 핑계로 대는 것뿐이다.

3세기의 철학자 플로티노스(Plotinos)는 눈이 잘 보이지 않아서인지 자신이 쓴 글을 두 번 다시 읽지 않았다고 전해진다.

그리스의 철학자 포르피리오스(Porphyrios)가 쓴 《플로티노스의 생애(Vita Plotini)》에 따르면, 플로티노스는 고찰한 내용을 처음부터 끝까지 머릿속에 완성해두고 썼다. 얼마나 막힘없이 썼는지 다른 책을 베끼나 의심받을 정도였다. 집필 도중에 다른 누군가와 대화를 하다가도 상대방이 가고 나면 그때까지 썼던 부분을 다시 읽지도 않고 남은 부분을 이어서 써내려갔다. 그 모습이 마치 도중에 다른 사람과 대화를 나눈 적 없이 바로 쓰는 것 같았다고 포르피리오스는 말했다.

플로티노스의 예가 특이하게 보일지도 모르겠다. 하지만 사고(思考)란 플로티노스처럼 떠들어도 결코 끊기지 않는 것이다. 그러면 혼자가 아니어도, 아무리 시끄러운 곳에 있어도, 도중에 몇 번이나 끊어지는 일이 있어도 예사롭게 생각을 이어나갈 수 있다.

내가 좋아하는 한국의 작가 김연수는 원고를 쓸 때는 책을 읽지도 않고, 다른 사람을 만나지도 않고 집 안에 틀어박혀서 지낸다고 한다(《청춘의 문장들》). 책을 쓸 때는 '몰입'해야 하기 때문이다.

내 경우는 직업상 다른 사람을 만나야 하거니와 책도 읽어야 한다. 단 책은 전에 읽어서 좋았던 것, 내용을 잘 알고 있는 것을 고르는 편이다. 지금까지 한 번도 읽은 적 없는 작가의 책을 읽는 건 즐거운 일이지만, 집중해서 생각할 때에는 그쪽으로 정신이 쏠리기 때문이다.

하지만 내용을 잘 아는 책이라도 이전과는 전혀 다른 느낌을 받을 수 있다. 그렇게 되면 기분 전환용으로 집어든 책이지만 처음 읽는 것처럼 감동해 일은 까맣게 잊어버리고 푹 빠져들기도 한다.

어쩌면 해야 할 일을 하고 싶지 않아서 책으로 도피한 것인지도 모른다. 앞서 말한 것처럼 시험 전날에 소설을 읽다가 푹 빠져 공부를 하지 못한 사람들도 있을 것이다. 그래도 좋은 성적을 받았다면 상관없겠지만. 시험 전날 책에 빠져드는 것은 책을 읽지 않았더라면 그 시간에 공부를 해서 더 좋은 성적을 받을 수 있었을 텐데 하는 핑계를 댈 수 있기 때문이다. 물론 책을 탓할 수는 없다.

책은 사람과 사람을
연결한다

앞서도 말했지만 입원했을 때 책을 좋아하던 주치
의가 병실에 가져온 내 책에 관심을 보였고, 급기야 책에
관한 이런저런 담소를 나누게 되었다. 회진이 끝나고 오랜
시간 책에 관한 이야기로 열을 올린 적도 몇 번 있다. "요즘
에는 주위에 똑똑한 사람이 없어요"라고 의사는 말했다. 이
말을 곧이곧대로 해석해서는 안 되겠지만, 의사 선생 주변
에는 책에 관해 의견을 주고받을 만한 사람이 없었던 모양
이다.

"학교 다닐 때 열심히 공부했어요"라며 내 병실에 있는 독

일어 책을 큰 소리로 읽은 적도 있다.

책을 읽을 때 느끼는 기쁨이 사람과 사람을 연결해준다고 도 앞서 말했는데, 주치의와 책에 대한 이야기를 나눌 때면 의사와 환자라는 가면을 벗을 수가 있었다.

사람은 평소 여러 가지 가면을 쓰고 살아간다. 라틴어로 페르소나(persona)라고 하는 이 가면은 영어의 퍼슨(person), 즉 사람이라는 말의 어원이다.

가면을 쓰면 자신을 지킬 수 있을 것만 같다. 자기 자신을 드러내지 않아도 사람들과 어울릴 수 있기 때문이다.

가면을 벗고 한 사람으로서 사람들과 어울리게 되면 사이 가 가까워지고 결국에는 사람과 사람이 연결된다. 내 아들 은 등산을 하다가 알게 된 사람과 결혼했다. 산에서는 밑의 세상과는 달리 가면을 쓸 필요가 없다. 즉 어떤 일을 하는 지, 어디에 사는지, 학력이 어떻게 되는지는 산에서 만난 사 람과 친해지는 데 아무런 필요가 없다.

예를 들어, 논문을 읽다 보면 저자가 연구자가 아닌 개인 적인 자신의 생각을 썼다고 생각되는 부분이 있다. 그런 부 분은 연구자로서 그렇게 쓰긴 했지만, 사실은 이런 걸 써보 고 싶었다는 저자의 육성이 들리는 듯하다.

그런 목소리가 들리기 시작했을 때, 그때까지 이해하기 힘

들었던 책이 단번에 이해되는 경우가 있다. 저자와의 파장이
맞아떨어진 것인지도 모른다.

　독자도 그저 기다리기만 하지 말고, 저자와 적극적으로 마
주보고, 모르는 게 있으면 모르겠다고 솔직해지면 보이는 게
있을 것이다.

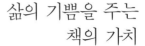삶의 기쁨을 주는
책의 가치

고등학생 때, 철학 선생님은 늘 입버릇처럼 말씀하셨다. "퇴직하면 젊은 때 사둔 책을 읽으며 지낼 거야." 내가 선생님을 처음 뵌 때는 선생님 나이 일흔이었다.

현역 교사인 채로 세상을 떠나시게 되어 책을 읽으며 느긋한 시간을 보내시지는 못했지만, 책 읽는 것을 어떤 일과도 바꿀 수 없는 더할 나위 없는 행복으로 여기셨구나 하는 마음은 고등학생인 내게도 전해졌다.

"젊을 때 돈 버는 것만 생각하며 살아온 사람은 다른 건 아무것도 몰라. 책 읽을 줄도 모르지."

선생님은 이렇게 말씀하셨다.

선생님의 이런 말에 책 읽을 시간이 없는 것은 돈벌이 때문이 아니라 생계를 위해 일하지 않으면 안 되기 때문이라고 반발하는 사람이 있을지도 모르겠다. 하지만 책은 시간이 나야 읽을 수 있는 것이 아니다. 게다가 매일 몇 권씩 속독하는 사람이 아니라면 책 한 권 읽는 데 제법 시간이 걸릴 테니, 그렇게 생각하면 책 한 권 값이 그리 비싼 것도 아니다.

책의 가치를 다른 것들과 비교할 수는 없겠지만, 만약에 비싸다고 생각하는 사람이 있다면, 지식과 정보에 돈을 지불하는 행위에 대한 가치를 인정하지 않기 때문이 아닐까? 책을 읽는다고 해서 배가 부르지는 않지만, 배고픔을 견디면서까지 침식을 잊고 책을 탐독하는 것이 나는 삶의 기쁨이라고 생각한다.

그렇게 되려면 그렇게 할 수 있는 시간과 열중해서 읽을 수 있는 책과의 만남이 전제되어야 하겠지만, 아무리 바쁘다고 한들 한 글자도 읽지 못할 정도는 아닐 것이다. 일 때문에 너무 피곤해서 읽을 수 없다면, 일하는 방식을 개선해야 한다. 시간 가는 줄도 모르게 읽을 수 있는 책과 어떻게 만날 수 있을 것인지는 각자 잘 생각해보길 바란다. 사람은 언제나 지금 무엇을 할지 판단하며 살아간다. 의식적으로 노력해 책을 읽으려고 한다면 책 읽을 시간이 전혀 없다는 것은 있을 수 없는 일이다.

책은 빌려주지
않는 게 좋다

당장에 다시 읽을 생각이 없는 책일지라도 다른 사람에게 빌려주지 않는 게 좋을 것이다. 빌려준 것을 잊는 것도 문제지만 언제 그 책이 필요해질지 모르기 때문이다.

어떤 이유로든 책을 빌려줘도 되겠다고 생각했을 때는 그 책이 당장 필요 없다고 판단했기 때문이겠지만, 나중에 필요한 때가 오리란 것을 예상하지 못한 탓이기도 하다. 뜻밖에도 그 책이 필요한 때가 온다.

어떤 일 때문에 "거기 그 내용이 있었는데" 하고 책을 찾아 책장을 뒤졌으나 나오지 않았던 적이 몇 번 있다. 찾는 도중에 빌려준 것이 생각났을 때는 하늘이 무너진 것만 같았다.

돌려받으면 그만이지만 '지금 당장' 필요하기 때문에 빌려준 것이 후회된다. 물론 내가 빌려줬으니 빌린 쪽에는 아무런 책임이 없다.

필요한 책을 손에 넣지 못했다면 일단 도서관에 가야 한다. 누군가에게 빌리는 선택지는 맨 마지막이다. 그럴 땐 차용증을 써야 한다. 필요하지만 구하기 어려운 책은 귀한 법이라서 어쩌면 빌리지 못할 수도 있다.

반면 읽었던 책이 좋아서 누군가에게 추천하며 빌려줄 때는 책을 돌려받지 못할 수도 있음을 각오해야 한다. 차라리 그냥 갖다 바쳤다고 생각하는 편이 나을 수도 있다.

학생일 때 선생님으로부터 책을 받은 적이 있다. 지금도 소중히 간직하고 있는데, 찾아뵈었을 때 선생님이 선물 대신 책을 몇 권 주신 것이다. 내게 학생이 찾아오면 나도 반가워서 뭔가 줄 게 없나 생각하다가 책을 선물로 준다.

선생님으로부터 받은 책 중에 제프리 커크(Geoffrey Kirk)*와 존 레이븐(John Raven)**의《소크라테스 이전의 철학자(The

---

● 1921~2003년. 영국의 고고학자로 그리스 문학 및 신화에 관한 활발한 저술 활동을 펼쳤다.
●● 1914~1980년. 영국의 고전학자로 고대 철학 분야를 주로 연구했으며 철학 교수를 역임하기도 했다.

Presocratic Philosophers)》와 존 버넷(John Burnet)*의《초기 그리스 철학자(Early Greek Philosophers)》는 훗날 내 연구에 도움이 되었다. 소크라테스 이전의 저작은 '단편(斷編)'이란 형식으로만 그 사상이 전해진다. 현존하지 않는 철학자의 책을 다른 누군가가 자신의 저작에 인용하면 그 인용을 단편이라고 한다.

이 무렵에는 아직 그리스 철학을 전공해야겠다고 결심하지는 않았지만, 이 두 권의 책은 소크라테스 이전 철학자들의 사상과 나아가 그리스 철학을 배우기 위한 기본 도서로 반드시 소장해야 한다. 그런 책을, 평소 수업을 받는다고는 하지만, 처음 댁에 방문했을 때 주셔서 황송했다.

● 1863~1928년. 영국의 그리스 철학 연구가. 플라톤의 이데아 이론이 원래 소크라테스 것이라는 주장을 펼쳤다.

도서관은 언제 어떻게
이용해야 할까

어린 시절, 책을 마음껏 가질 수 없어서 학교와 시립 도서관을 이용해야 했다.

마음껏 살 수 있게 된 후에도 도서관에서 자주 책을 빌렸다. 서점에서 구할 수 없는 책도 있고, 구할 수 있어도 필요하거나 읽고 싶은 책을 모두 소유할 수 있는 여건이 되지 못했기 때문이다.

사는 곳 바로 근처에 도서관이 있어서 한때 자주 들락거렸다. 장서 수야 당연히 개인에 비할 수 없을 만큼 많지만, 관심 도서나 필요한 책이 반드시 구비되어 있는 것은 아니다. 그래도 오래전 출판되어 지금은 쉽게 구할 수 없는 서적이 있어서 자주 빌리러 갔다.

몇 가지 문제는 있다. 반납 기한이 있는 것이 그 첫 번째다. 빌린 책을 바로 읽을 수 있는 건 아니어서 조금만 지체하면 어느새 반납해야 하는 날이 다가온다. 또 여러 권 빌릴 수 있으니 여러 번 왔다 갔다 하지 않으려고 깊이 생각해보지도 않고 책을 한꺼번에 빌리고는 기한 내에 읽지 못하고 반납하기 일쑤다.

두 번째로는 다른 사람에게 책을 빌려줬을 때와 같은 문제가 생긴다는 점이다. 필요할 때 수중에 없는 것이다. 한밤중에 갑자기 책이 필요할 때가 있다. 다음 날까지 기다리면 좋겠지만 그럴 수가 없다.

책을 읽을 때의 진지함으로 보자면, 직접 힘들게 구매한 책이 더 잘 읽힌다고 생각한다. 신간을 읽고 싶어서 도서관에 책을 요청하고, 도서관이 서점처럼 새 책을 구비해놓는 것이 도서관의 본래 역할이라고 생각지는 않는다. 매일 많은 책이 출간되고, 그 많은 책이 서점 진열대에서 바로 사라진다. 아예 진열조차 되지 못하는 책도 수두룩하다. 가치 있는 책일지라도 팔리지 않으면 절판된다. 그런 책이야말로 도서관에 구비해놓아야 한다.

단 책값이 정말 비싼가 하면 그렇다고 단정적으로 말할수는 없다.

책을 만들거나 판매하는 쪽에서는 당장 생각하지 못하겠지만 한 권의 책이 인생을 바꾸는 경우도 있고, 요새라면 정보를 수집할 때 인터넷을 사용하는 편이 훨씬 많고 그게 더 간단할 것이다. 하지만 필요한 지식과 정보를 책에서 얻을 수 있다면 책을 구입할 가치는 충분할 것이다.

책이 비싸다는 사람일지라도 옷이라면 비싸도 구매할 것이다. 보이지 않는 것에 대한 가치 판단은 어려운 법이다.

고등학생일 때 집에서 학교까지 가는 데 한 시간 반쯤 걸렸다. 매일 일곱 시간씩 수업을 받았기 때문에 서점에 갈 틈이 거의 없어서 학교 도서관을 자주 이용했다.

내 형편으로는 살 수 없는 책이 도서관에는 잔뜩 있어서 고마웠다. 불교계 고등학교여서 도서관에는 불교 관련 책이 유독 많았다. 지금 생각해보면 터무니없는 무모한 도전이었지만 신란(親鸞)•의 《교행신증(教行信証)》을 읽으려고 마음먹은 적이 있다. 책을 빌렸지만 당연히 많은 분량을 읽을 수가 없어서 반납일이 다가올 때까지 거의 읽지 못했다. 그래서

● 12~13세기의 일본의 불교 철학자. 종교 개혁가로 정토진종을 창시했다.

반납했다가 얼마 후 다시 빌리기를 반복했다.

다음 번 빌릴 때까지 잠시 쉬는 사이에 누군가가 그 책을 대출해갔다. 당시에는 책을 빌리면 뒷면 대출표에 이름을 적어야 했는데 그걸 보면 누가 빌렸는지 알 수 있었다. 놀랍게도 고문 선생님이었다. 어쩌면 선생님이 내 이름을 보고 더 놀라시지 않았을까?

영어로 된 러셀의 《서양철학사》를 읽었었다는 건 이미 말했다. 이 책을 읽은 후에 영어 책을 좀 더 읽고 싶어져서 도서관 사서 선생님을 찾아가 의논했다. 선생님은 에리히 프롬의 《자유로부터의 도피》를 추천해주셨다.

나중에 책을 쓰게 되면서 프롬의 글을 인용할 정도로 큰 영향을 받았는데, 그 시작은 고등학생 때였다.

나는 이 책을 빌리지 않았다. 사서 선생님이 내게 선물로 주셨기 때문이다. 왜 주셨는지는 기억나지 않지만, 끼적인 낙서가 있는 그 책을 지금도 잘 간직하고 있다.

선생님은 내가 고등학교를 졸업하고 얼마 안 있어 병으로 세상을 떠나셨다고 들었다. 도서관에 수시로 출입하며 선생님하고 책에 관해 이런저런 얘기를 나누어서 그런지 프롬의 책을 읽을 때면 늘 고등학교의 도서관이 생각난다.

고등학교를 졸업하고 나서는 '재수' 생활을 했다. 재수 학원에 다니는 대신 집에서 공부했는데, 공부가 잘되지 않아서 자주 도서관에 갔다.

요새 도서관은 책을 빌리고 읽는 곳이니 공부하는 공간으로 이용해서는 안 된다는 등의 논란이 일어서 낙담했는데, 당시에는 그런 논란이 없었다.

재수 중에 도서관에 다녔던 것은, 중학생이었는지 고등학생이었는지 가끔 도서관에 가면 늘 공부하고 있던 사람이 있었는데 그 사람이 생각났기 때문이다. 도서관이 문을 열 때부터 닫을 때까지 내내 공부만 하던 그 사람은 가끔 종이 봉투에서 과일을 꺼내 먹었다. 소문을 듣자 하니 삼수 끝에 교토대 법학부에 합격했다고 한다.

나중에 그리스 철학을 공부하게 되면서 내 주머니 사정으로는 살 수 없는 책이 필요해져 또 도서관을 자주 이용했다.

교토대 문학부 도서관에는 엄청난 양의 장서가 보관되어 있다. "책을 보신 후에는 제자리에 가져다 놓으세요. 그렇지 않으면 영영 잃어버리고 맙니다"라고 적혀 있는 종이가 붙어 있던 것으로 기억한다. 수십만 권(더 많았는지도 모른다)의 장서가 있으니 그런 일도 있을 수 있겠다 싶었다. 내 방에 있는 책마저 행방불명될 때가 있으니까.

서고 안에 있으면 시간의 흐름을 잊었다. 놀랍게도 어느 책이나 반드시 읽은 흔적이 남아 있었다. 구입한 채로 꽂혀 있는 것은 한 권도 없었다. 누군가는 한 번쯤 열어본 흔적이 있었다. 책갈피로 쓰던 엽서가 끼워진 책을 발견하기도 했다. 오래된 소인이 찍혀 있었다. 그 엽서를 쓴 사람은 지금도 살아 있을까. 어쩌면 학도병으로 전쟁터에 끌려갔을지도 모른다.

수학여행 기념품 대신 산 영일대사전

수학여행 때, 용돈을 가져가도 된다고 허락을 받았다. 나는 기념품을 사는 대신 집으로 돌아와 이와나미 영일대사전을 샀다.

지금 생각하면 공부에 필요하다고 말하면 부모님이 기꺼이 사주셨을 텐데, 어쩐지 그때는 차마 사달라고 말할 수 없었다.

사전뿐 아니라 책도 부모님이 사주신 기억이 없다. 기억이 없다고 해도 실제로는 어린 시절에 봤던 책을 부모님이 안 사주셨을 리가 없는데, 그런 기억이 없는 것은 확실하다. 읽고 싶은 책이 있을 때마다 부모님에게 말하면 되는 환경이었다면 책을 안 좋아했을지도 모른다.

수학여행 때 받은 용돈으로 산 영일사전에 관해 말하자면, 이것 말고도 다른 영일사전이 많았을 텐데 왜 굳이 이와나미 것을 샀는지 지금도 이해가 안 된다.

중학생이 되고 나서는 어머니가 괜찮다고 추천하셨던 작은 크기의 콘사이스 영일사전을 애용했다. 지금 생각하면 어머니는 큰 사전을 써야 할 만큼 영어공부를 하지 않으신 건지도 모른다.

이 작은 사전으로는 영어 공부를 할 수 없다는 걸 알기까지는 그리 오래 걸리지 않았다. 분명 학교 선생님이 학습용 사전을 추천해주셨을 텐데, 그걸 마다하고 콘사이스 영일사전이라는 학습용이 아닌 다른 사전을 산 것이다. 학습용 사전이라면 예문도 많아서 단어를 어떻게 활용하는지를 알 수 있었겠지만, 콘사이스 영일사전은 문법 설명도 예문도 거의 없었다.

사전을 하도 썼더니 가죽으로 된 표지가 반들반들해지고 종이 끝이 말려서 벌어졌다. 그렇게 된 이유는 툭하면 사전을 들춰봤기 때문인데, 그걸 본 반 친구가 자기 사전을 내 것처럼 만들고 싶어서 일부러 종이를 구기고는 벌리려고 했다.

그 모습을 보자마자 내 작은 사전에 대한 애정이 식어버렸다. 물론 큰 사전을 샀더라면 학교에 들고 올 수가 없어서 계속 작은 사전을 들고 다녔겠지만, 큰 사전을 사용하고 싶었던 건 반 친구들에 비해 내가 좀 더 잘한다는 걸 과시하고 싶어서였는지도 모른다.

어쨌든 나는 그렇게 고생해서(라고 해봤자 부모님에게 받은 용돈을 기념품이 아닌 사전을 사는 데 쓴 것뿐이지만) 구한 사전이라서 소중히 사용했다.

인터넷 시대에도
서점에 가는 이유

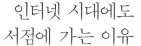

시골에 살았던 터라 인터넷 같은 게 없었던 시절에는 필요한 책을 구하는 것도 보통 힘든 일이 아니었다. 지역에 서점이 있고 없는 것이 문화적으로 큰 차이가 나겠다는 생각이 들었다.

고등학교는 교토 시내에 있어서 대형 서점에 갈 수는 있었지만, 매일 일곱 시간씩 수업을 받았던 터라 수업이 끝나면 서점에 들를 시간이 거의 없었다.

지금은 인터넷 서점에서 책을 사니까 시골에 살아도 대도시에 사는 것과 책 구매 면에서는 별반 차이가 없다. 하지만 직접 실물로 책을 보지 않으면 살지 말지 결정이 어려울 때가 있다. 책에 관한 상세한 설명이 실려 있긴 하나 대개 그것만으로는 판단할 수가 없다.

서점에 가면 전문 지식을 가진 직원에게 책에 관해 질문할 수도 있고, 어떤 한 가지 주제로 묶여 진열된 책들을 본다면 오늘은 이 책을 사야지 하고 갔었더라도 생각지도 못한 책을 발견할 수도 있다. 이런 서점이 있는 한 앞으로도 쭉 서점에서 책을 구매하게 될 것이다.

학생 때는 오타니대학 근처에 있던 시세이도라는 외국 서적 전문점에 자주 들락거렸다. 지금이라면 외국 서적도 인터넷에서 구매할 수 있고, 책에 따라서는 다음 날 도착하기도 한다. 하지만 이때는 매장에 재고가 없으면 입고될 때까지 몇 개월이나 걸리기도 했다. 이곳 직원들이 정말 박식해서 여러 가지로 지혜를 구했다.

그중 한 사람과는 라틴어 시민강좌에서 함께 공부한 적이 있다. 일주일에 다섯 번씩 해서, 한 달 만에 문법을 배우는 빡빡한 일정의 강좌였다. 업무 때문에 빠진 적이 있을 때 노트를 빌려달라고 해서 빌려주었더니 답례로 타키투스의 《게르마니아》를 주었다. 라틴어 원문과 독일어 대역으로 구성된 책으로, 신간이 아니라 그 사람이 소장했던 책으로 끝까지 읽은 흔적이 있었다.

어느 서점이든 진열된 책에 대해 잘 알고 있는 직원이 있다면 망설이지 않고 서점에 가서 구입할 책에 관해 묻고 싶지 않을까.

문제는 규모가 그리 크지 않은 서점에서는 신간은 잘 보이는데, 정작 필요하거나 읽고 싶은 책은 없다는 점이다. 큰 서점의 경우도 갑자기 공간이 축소될 때가 있다. 팬시상품이나 DVD를 들여놓기 시작하면 차츰 신간과 잘 팔리는 책만 갖다 놔서 찾는 책이 있겠거니 하고 갔다가 실망한 적이 한두 번이 아니다.

이렇다 보니 최근에는 서점에 가는 일이 줄었다. 가장 자주 서점에 갔던 건 나라여자대학에서 그리스어를 가르쳤던 때로, 학교로 가는 길에 있는 도요즈미서점에는 엄선된 책들만 있어서 매주 많은 책을 샀다. 얼마 안 되는 시간강사료가 거의 책값으로 나갔다고 해도 과언이 아니다.

3장

어떻게 읽을 것인가

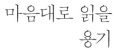

마음대로 읽을
용기

책을 읽기 시작하면 그 책을 끝까지 읽어야 된다고 생각하는 사람이 있다. 하지만 읽다가 재미없으면 그만 읽을 용기도 필요하다. 재미가 없다고 해서 그 책이 좋지 않은 책이라는 뜻은 아니다. 대개의 경우 지금은 필요하지 않은 것뿐이다. 그럴 때 책을 덮을 용기를 내지 않으면 시간을 헛되이 쓰게 된다.

다만 내용이 유익한지 아닌지를 판별하기란 어렵다. 고전을 읽을 때는 상당수의 책이 지금 자신이 마주한 문제와 바로 연결되지 않는 경우가 많기 때문이다. 그런 이유로 지금이 책은 도움이 되지 않는다고 안이하게 단정하는 것은 성급한 판단이다.

오히려 현재의 문제의식에서 약간 어긋나야 보이는 것이 있을 때도 있다.

또한 외국어 책을 읽을 때면 흔히 겪는 일인데, 파장이 맞지 않으면 글자를 쫓아가도 좀처럼 머릿속에 들어오지 않는다. 결국 끝까지 파장이 맞지 않을 때도 있다. 그런데 첫 페이지부터 재미있는 책은 별로 없다.

외국어로 쓰인 책의 경우는 문법 지식이나 어휘가 충분하지 않아서 독서라기보다는 해독(解讀)으로 여겨야 할 정도로 읽는 데 시간이 걸린다. 한 글자, 한 글자의 의미를 이해하는 데 주의를 빼앗겨 전체 내용에 생각이 미치지 않을 때가 있다.

내가 번역해온 알프레드 아들러의 책은, 문장은 비교적 심플하지만 그렇게 잘 쓰인 글은 아니어서 번역을 하는 게 아니라면 읽기를 포기했을 것이다. 그래도 조금씩 읽어나가면 어느 부분부터는 재미있어진다.

내가 직접 책을 쓰고 보니 그 이유가 대충 짐작이 갔다. 초반에 쓰는 글은 어깨에 잔뜩 힘이 들어간다. 나중에 쓴 글을 다시 읽어보면 쓸데없이 힘이 들어갔다는 것을 알 수 있다.

컴퓨터로 글을 쓰면서부터는 첫 문장을 쓸 때 괜한 힘이 들어가는 일이 줄었다. 컴퓨터로 쓸 때는 처음부터 순서대로 쓰지 않아도 되기 때문이다. 가장 힘을 빼고 쓸 수 있는 건 '맺음말'이라서 그것부터 쓸 때도 간혹 있다.

학창 시절에 만년필로 논문을 썼다고 말하면 젊은 사람들은 놀라는데, 만년필로 쓰면 여러 번 다시 쓸 수 없으니 긴장감을 가지고 글을 쓸 수 있다는 장점이 있다.

하지만 컴퓨터로 쓸 수 있는 지금에 와서는 다시 쓰기가 어려운 펜으로 집필하기란 이제 불가능하게 되었다.

최근에는 아웃라인 프로세서(outline processor, 문서의 개요를 구상하고 세부 편집을 할 수 있게 도와주는 문서 작성 소프트웨어_옮긴이)라고 하는 프로그램을 이용해 직접 글을 쓰는 사람도 적지 않다. 어디에서든 쓰고 싶은 데부터 쓰고, 쓴 글을 다시 배열하는 것도 가능해졌기 때문이다.

저자가 처음부터 순서대로 쓰는 것은 아니기 때문에 잘 읽힐 것 같은 부분부터 보는 게 좋을지도 모른다. 그런 데를 좀 읽어보면 저자의 생각을 이해할 수 있을 테니까 말이다. 그런 다음 다시 처음으로 돌아가 읽어도 될 것이다.

책 고르는 힘을
기르려면

김연수는 "한 권의 책을 읽는다는 것은 다른 모든 책을 읽지 않는다는 것을 의미한다"라고 말했다(《청춘의 문장들》). 한 권의 책을 선택하는 것이 중요하다는 말인데, 실제로 그 선택이란 쉽지 않다.

그 한 권의 책이 내 영혼을 뒤흔들고 인생을 바꾸는 책이 되려면 독자도 준비가 되어 있어야 한다. 누군가로부터 좋은 책이라고 추천을 받아도 추천해준 사람이 좋다고 느꼈던 정도로는 마음이 움직이지 않는 경우도 있다.

따라서 너무 '한 권'에 연연하지 않아도 된다. "'난독'의 폐

해란 없다. 오로지 즐거움만 있을 뿐이다"라고 가토 슈이치는 말했다(《독서만능》). 어쨌든 그냥 쭉쭉 읽어 내려간다. 재미가 없으면 도중에 그만 읽는다. 그렇게 하다 보면 책을 고르는 힘이 길러진다.

단 이런 재미없다는 느낌도 자기만 그렇게 생각하는 건지도 모르니 너무 빨리 책을 던져버리지는 말자. 하지만 무작정 많이 읽는다고 책을 고르는 힘이 길러지지는 않는다. 나는 경험상 초보자용이라도 수준이 떨어지지 않았는지를 기준으로 삼는다. 어려운 말이 나오는 책도 피한다.

아이나 학생의 경우, 처음에 어떤 책을 골라야 하는지 모르겠다면 필독서 리스트를 참고할 수도 있다. 그런데 이런 리스트에 오른 책들은 대개 잘 만든 책이라서 좋은 책이기는 하나 재미가 없는 것도 많다. 재미없는 책이 별로라는 건 아니지만, 처음에는 책을 읽는 재미를 아는 것이 중요하다. 나중에 스스로 책의 가치를 판별할 수 있도록 나쁜 책을 읽혀서는 안 된다는 등 부모가 나서지 않는 편이 좋다고 생각한다.

게다가 이런 리스트에는 어디까지나 나른 사람이 좋다고 추천한 책만 실린다. 이런 리스트를 참고해 책을 읽어봤자 조금도 재미가 없다.

평가와 가치는 다르다는 것을 알아두어야 한다. 이는 인간관계에서도 마찬가지다. 다른 사람이 어떻게 평가하든 그 평가와 자신의 가치는 별개로 생각해야 한다.

마찬가지로 사람들이 책에 관해 말한다고 해도 그것은 그 사람의 주관적 평가일 뿐이니 그 평가와 책의 가치는 당연히 별개의 문제다.

마음에 든 작가의
작품 읽기

나는 어떤 작가의 책이 재미있다는 생각이 한번 들면 그 작가가 쓴 책은 닥치는 대로 찾아 읽는다. 물론 그 작가가 다작을 한다면 도저히 다 읽을 수는 없겠지만 말이다.

책 첫머리에서 폴 오스터를 좋아해 사전을 찾아가며 읽었다는 젊은이에 관해 말했다. 나는 그때까지 오스터의 책을 읽은 적이 없었다.

그래서 이참에 나도 한번 읽어보자 싶어 읽기 시작했는데 참 재미있었다. 그로부터 30년쯤 지난 지금도 그의 신간이 나오면 어떤 책인지 호기심이 인다. 다작하는 작가라서 나오는 족족 읽기란 쉽지 않지만.

이런 이유로 같은 작가의 책이라고 해도 오래 읽다가 별안간 관심을 잃고 읽지 않을 때도 있다. 무라카미 하루키의 소설은 새로 나올 때마다 읽었지만, 지금의 현실이 변하지 않는 것은 과거의 영향을 받았기 때문이라는 주제를 가진 것처럼 느껴지는 소설을 읽은 후부터는 어디서 구원을 찾아야 할지 몰라 더는 읽지 않게 되었다.

어쨌거나 마음에 든 작가의 작품을 전부 읽어보자고 마음먹고 읽기 시작하면 수작인지 아닌지, 유명한지 아닌지는 별로 상관하지 않게 된다.

미발표 작품이나 서간, 일기마저 읽으면 남은 작품에서 '사람'이 보인다. 그러면 현실에서 알고 지내는 사람보다 더 많이 잘 아는 것처럼 느껴지기도 한다. 솔직히 말하면 실제로도 그렇다고 생각한다.

내가 쓴 책에 관해 말하자면, 제법 오래 글을 써온 터라 내 생각도 크게 달라졌다. 그래서 옛날에 낸 책은 이제 읽고 싶지 않은 마음도 있다.

다만 후세 사람 중에 내 책을 읽고, 내가 쓴 글을 단간영묵(斷簡零墨, 여러 조각이 난 문서나 문서의 단편_옮긴이)까지 다 찾아서 보는 사람이 있다면, 생각의 변화에 주목해 나 자신도 보지 못한 뭔가를 발견해낼지도 모르겠다.

그런 작가를 어떻게 발견할 수 있느냐고 한다면, 내 경우는 우연한 만남이 많았는데, 우연히 손에 들어온 걸 읽기 시작해서 그 작가의 다른 책으로 넘어가는 것이 자연스러운 흐름이다.

초등학생 때 포플러사의 《신일본소년소녀문학전집(新日本少年少女文学全集)》을 선물 받았다. 부모님이 대체 무슨 연유로 그 많은 책을 한꺼번에 구입하기로 마음먹으신 건지 지금도 잘 모르겠다. 누군가의 추천으로 사신 건지도 모르겠다.

이 전집 중에는 확실히 재미있는 책도 있었다. 사토 하루오(佐藤春夫)●의 《아름다운 마을(美しい町)》은 몇 번이나 다시 읽었는지 모른다. 대학에 들어가고 나서는 문고본으로 작품을 다시 읽었다. 사토의 다른 작품도 읽었다.

앞서도 말했던 이시카와 다쿠보쿠의 《한 줌의 모래》나 《슬픈 완구(悲しき玩具)》 등의 단카를 처음 접한 것도 이 전집 덕분이었다. 나쓰메 소세키의 작품도 읽었는데, 《도련님》은 재미를 거의 못 느꼈으나 《문조》나 단편인 〈이백십일〉과 같

● 1892~1964년. 일본의 시인이자 소설가. 1960년 문화훈장을 받았다. 20세기 전반 일본의 전통적·고전적 서정시의 제1인자로 평가받고 있다.

은 작품에는 흥미를 느꼈다.

이렇게 한꺼번에 구비해놓으니 책을 고르기가 쉬웠고, 마음에 든 작가를 찾으면 그 작가의 책을 연이어 읽을 수도 있었다.

문제는 내가 구하려고 노력할 필요가 없다 보니 이 사람이 이런 책도 썼나 하는 발견의 기쁨이 줄어들었다는 점이다.

관심이 가지 않는 작품도 있었다. 물론 읽지 않았는데 재미가 있는지 없는지 어떻게 판단했는지 모를 일이지만, 제목 혹은 삽화를 보고 재미없을 거라고 단정했을지도 모른다. 아니면 조금 읽어보고 재미가 없다고 판단했을지도 모르고.

그래도 이 전집을 받고 좋았던 것은 후리가나(한자 위에 읽는 법을 히라가나로 표기해두는 것_옮긴이)가 달려 있고, 삽화가 있었는데도 어린이용으로 다시 쓰인 책이 아니었다는 점이다.

이것은 나중에 영어 등 외국어를 배우게 되면서, 기초 문법을 떼고도 여전히 책에 나오는 단어를 전부 찾지 않으면 안 되는 실력인데도 초보자용이 아닌 원문을 읽었을 때 느꼈던 감동과 비슷한 데가 있다. 확실히 진짜를 접했다는 느낌이 있었다.

독서는
독서를 낳고

미키 기요시는 대학 시절에 은사인 니시다 기타로가 쓴 글뿐 아니라 그 안에 인용된 책까지 가능한 한 직접 읽으면서 공부했다.

미키 기요시의 말을 빌리면 이렇다.

그 무렵 선생님의 논문에는 실로 다양한 서적이 소개되었기에 내 철학 공부도 저절로 다방면에 걸치게 되었다. 선생님은 여러 영역의 철학을 소개했는데, 일단 선생님이 소개하면 어느 책이든 전부 다 재미있어 보여 읽어보고 싶은 기분이 들었다.

—《독서와 인생》중 〈독서편력〉

당시 미키가 읽은 책을 보면 확실히 여러 영역에 걸쳐 있다. 나도 나중에 그리스 철학을 공부하기 전에는 미키의 이 말에 영향을 받아서 다양한 철학서를 읽었다. 하지만 그리스어를 배우게 되면서 독서량이 급감했다. 한 글자 한 글자 소홀함이 없이 일일이 사전을 찾으면서 텍스트를 정확히 강독하고 익혀야 했기 때문이다.

내가 선택한 석사 논문의 주제는 플라톤의 후기 대화편에 속하는 《법률》이었다. 플라톤의 저서에 자주 등장하던 소크라테스가 여기에서는 등장하지 않는다. 그럼에도 플라톤이 소크라테스에게 배운 사상이 실려 있는 것에 나는 흥미를 느꼈다.

이 《법률》은 그리스어가 어려워 많은 연구서, 주석서, 번역문을 참조하지 않으면 안 되었다. 게다가 연관된 다른 책을 읽으려고 하면 또 거기에도 주석이 달려 있어서 몇 쪽을 읽는 데 엄청난 시간이 소요되었다.

이렇게 독서는 고구마 줄기 엮듯 줄줄이 이어져 독서의 폭을 넓히고 깊이를 더하는 경우가 있다.

앞서 독서를 시작할 때 어떤 책으로 시작하면 좋을지에 대해 말했는데, 이럴 때 가능하다면 처음의 한 권, 맨 처음 읽어야 할 책, 가장 신뢰할 수 있는 책을 알려주는 사람이 있으면 좋을 것 같다. 어떤 책을 읽든 다 쓸 데가 있다고 생각하지만 멀리 돌아가지 않아도 되니.

요리 책을 산 적이 있었는데, 어머니가 세상을 떠나시고 아버지와 둘이 살게 되면서 처음 요리를 하게 되었기 때문이다. 누군가에게 직접 배우기도 뭐 해서 외국어 공부할 때 참고서를 사듯이 요리를 시작할 때도 일단 책을 사기로 한 것이다.

누구에게도 물어보지 않고 일단 몇 권의 책을 구입했다. 그중 《남자의 요리(男の料理)》라는 책이 있었는데, 거기에는 구하기 힘든 식재료와 조리 시간이 오래 걸리는 레시피만 실려 있었다. 큰 실수였다.

어려운 책을
대하는 태도

때로는 아주 난해한 책을 읽어야 할 때가 있다. 일 때문에 필요한 경우인데, 이럴 때 이런 책을 만나면 읽기 힘들어도 읽지 않을 수가 없다.

본래 책이 어렵다면 그 책임은 전적으로 저자에게 있다.

아테네에서 청년들과 토론을 벌였던 소크라테스는 특별한 말이 아니라 일상적으로 쓰이는 보통의 말을 사용했다. 설득력이 있다거나 미사여구로 장식된 말은 소크라테스에게 문제가 아니었다. 소크라테스의 관심은 단 하나, 진실을 말하느냐 아니냐 하는 것뿐이었다.

소크라테스는 "나는 아무것도 모른다"라고 말했다. 그런데 소크라테스의 친구 중 한 명이 델포이 신전에서 소크라테스보다 지혜 있는 자는 아무도 없다는 신탁을 받았다. 신탁을 믿을 수 없었던 소크라테스는 신탁에 반박하기 위해 지자(知者)라 불리는 사람들에 둘러싸여 자신보다 지혜 있는 자를 찾으려고 했다. 지자가 한 명이라도 있다면 신탁이 틀렸다는 것을 증명할 수 있었기 때문이다.

하지만 소크라테스가 알게 된 것은, 자신은 아무것도 모른다는 것을 알고 있지만 지자라 불리는 사람들은 모르는 걸 안다고 생각한다는 것이었다. 그 작은 차이로 자신이 앎이 있다는 사실을 깨달았다.

일흔의 나이에 고소를 당한 소크라테스는 처음 재판소에 가게 되었다. 재판이 열리자 소크라테스는 참심원에게 이렇게 말했다.

이번에도 자네들에게 하는 요구는 정당하다고 생각되네. 내 말투가 별로일 수도 있고 꽤 괜찮을 수도 있겠지. 허나 그건 문제 삼지 말고 내가 하는 말이 옳은지 그른지에만 초점을 맞춰 생각해주게.

—《소크라테스의 변명》

알맹이가 없는 공허한 말을 미사여구로 치장하여 말하는 사람이 오늘날에도 많다. 소크라테스는 그런 사람이야말로 무지하다는 걸 가차 없이 알려주었다. 물론 그 말을 들은 당사자는 유쾌하지 않았을 것이다. 그래서 소크라테스는 고소를 당했고 결국 사형되었다.

지도교수였던 후지사와 노리오가 이런 말씀을 한 적 있다.

> 나는 늘 내 생각이 당연하다고 느껴지면 더더욱 당연하게 만들려고 몇 번이나 논문을 고쳐 썼다.
>
> ― 고이케 스미오(小池澄夫)●의 《이문(以文)》 중
> 〈고영독진 홀언부취(顧影獨盡 忽焉復醉)〉

후지사와가 쓴 논문과 저서를 보면 내용은 전문적이나 어려운 말이 나오지는 않는다.

사람들은 철학이 어렵다는 인상을 받는다. 말이 어려워서가 아니다. 어려운 말이 나와야 내용도 심원할 것이라는 생각은 너무 얄팍하다. 적어도 저자는 어려운 말은 최소한으로 써야 한다. 그러한 노력 끝에 사고는 후지사와가 말했듯

● 1949~2011년. 일본의 철학자. 시가대학에서 서양 고대 철학을 가르쳤다.

이 '당연한' 사상으로 단단히 굳어진다. 철학서는 철학자의 악전고투의 기록이어서는 안 된다.

철학학회에서 젊은 연구자의 발표가 있은 후, 후지사와는 "방금 전에 발표한 내용의 요점을 '보통의 말'로 좀 풀어주시지 않겠습니까?"라고 말했다. 철학서에는 철학자만의 고유한 말과 독자적 역어(譯語)가 쓰일 때가 있어서 자국어로 쓰여 있어도 이해하기가 쉽지 않다.

철학이 추상적이라고 하는 이유는 '추상'이란 말의 의미를 잘 모르기 때문이다. 철학은 구체적 학문이다. 구체적이란 온갖 조건을 더해 생각한다는 뜻이다.

다른 학문은 곁가지는 버리고 필요한 조건만 추려내어 고찰한다. 전선에 다섯 마리의 참새가 앉아 있다. 그중 두 마리를 쏴서 떨어트리면 몇 마리의 참새가 남을까? 이런 류의 산수 문제에는 참새가 사냥꾼이 쏜 총소리에 놀라 달아난다는 조건은 더해지지 않는다.

그렇기에 산수 문제라면 세 마리가 정답이지만, 실제로는 전선에 참새가 한 마리도 남아 있지 않을 것이다. 이렇게 모든 조건을 더해 사고한다는 의미에서 철학을 구체적 학문이라고 말한 것이다.

철학이 구체적으로 생각하는 학문이라면 어렵기는커녕

오히려 알기 쉬워야 한다. 그저 추상적으로, 즉 특정한 조건을 추려내 사고하는 것에 익숙해진 탓에 모든 조건을 더한다는 철학적 사고를 하지 못한 것뿐인지도 모른다.

그런데도 철학은 어렵다고 단정 짓고 그 어려운 것에서 의미를 찾는 사람이 있다. "무슨 뜻인지는 잘 모르겠지만 빠져든다" 혹은 "마음이 힐링 된다"라고 말하는 사람이 있어 놀란 적이 있다.

독자가 한 번 읽고 바로 이해할 수 있기를 기대하는 것도 곤란하다. 쓰인 단어 자체는 어렵지 않아도 내용은 어려울 수 있으며, 애초에 답이 없는 문제도 있기 때문이다. 정답이 있는 것에 익숙해지면 답 없는 질문이 있다는 것이 이해를 넘어서는 문제가 된다.

따라서 인내심을 가지고 여러 번 읽어야 한다. 그렇지 않으면 정말로 이해하지 못하게 된다. 다시 말하지만 어려운 말을 쓰지 않아도 다루는 문제는 어려울 수 있기 때문이다.

인터넷 서점에는 책을 읽은 사람의 리뷰가 실려 있는데, 정곡을 찌르는 리뷰만 있는 것은 아니다. "내가 이해하지 못했으니 별 두 개"라는 리뷰를 본 적이 있다. 자신이 이해하지 못했다고 해서 책을 낮게 평가하는 것은 잘못이다.

이면의 의도를
읽어야 하는 까닭

어려운(것처럼 보이는) 책을 읽을 때 '요령'이 없는 것은 아니다. 대체 이 저자는 어떤 생각으로 글을 썼을까 상상하면서 읽는 것이다.

미키 기요시의 《인생론 노트》를 읽을 때 정말로 무슨 말을 하는 건지 이해하지 못해서 난감했다. 그런데 어느 날 문득 이런 생각이 들었다. 미키는 일부러 의미를 바로 이해할수 없도록 글을 쓴 게 아닐까?

전쟁 중에 누구나 이해할 수 있도록 명확하게 표현하면 검열에 걸렸을 것이다. 검열에 걸리지 않으려면 한 번 읽고 바로 이해할 수 있게 글을 써서는 안 되었던 것이다.

1943년, 그리스 철학의 석학 다나카 미치타로(田中美知太郎)●는 이와나미서점의 어둠침침한 복도에서 《사상(思想)》에 실릴 논문 〈이데아〉의 교정쇄를 보면서 망설이고 있었다.

다나카는 이 논문에서 세상의 만물은 결코 이데아로 간주되어서는 안 되며, 현실과 이데아를 엄격히 구별할 필요가 있다고 주장했다.

이와 관련해 다나카는 군주를 신으로 섬기는 데 대한 비판적 글을 썼다. 그 부분을 삭제할까 말까 몇 번이나 다시 읽고 고쳐 썼으나 결국 그대로 싣기로 결심했다. 다나카는 이렇게 술회했다.

> 지금 생각하면 이런 어려운 논문이 직접 검열에 걸리는 일은 있을 수 없었지만, 당시 절박했던 정신적 분위기 속에서는 다른 누군가가 고발하지 않으리라 장담할 수가 없었다.
>
> — 다나카 미치타로의 《시대와 나(時代と私)》

● 1902~1985년. 일본의 철학자로 소크라테스, 플라톤 연구의 선두 주자였다.

다나카가 걱정한 것처럼 논문 안의 불경한 의도를 읽어내려면 검열자가 그리스 철학에 제법 능통한 사람이 아니면 불가능했을 것이다.

하지만 2년 전 다나카가 쓴 《사르디스 함락(サルディス陥落)》은 '태평양전쟁 초기에 세운 혁혁한 전과를 비꼬는 의미가 될 것 같아서' 《시대와 나》 출판사가 자체 검열을 하고 게재를 중지시켰다. 그런 시대였던 것이다.

미키 기요시와도 친분이 있었던 다나카의 이야기를 듣고, 미키의 사정도 별반 다르지 않았으리라 짐작했다. 즉 너무 명명백백하게 글을 쓰면 검열에 걸릴 위험이 있었던 것이다.

미키는 이렇게 말했다.

> 아우구스티누스는 식물이 인간의 눈에 보이기를 바라고, 실제로 보임으로써 구원을 받는다고 말했다. 이렇듯 표현한다는 것은 구원한다는 뜻이며, 구원함으로써 자기 자신을 구원한다.
>
> —《인생론 노트》

식물이 인간에게 보이기를 바라는지는 알 수 없지만 피어 있는 꽃을 보면 저절로 웃음이 난다. 미키가 여기서 말한 식물은 말하지 않는 사람, 말을 하지 못하는 사람을 비유한 것이다. 그런 사람의 목소리를 표현하는 것이 그 사람과 자기 자신을 구원하는 일이 된다고 미키는 말한 것이다.

감옥에 수감된 미키는 전쟁 중에는 글을 쓸 수 없었고, 패전 후에도 바로 석방되지 않아 병에 걸렸는데도 제대로 된 치료도 받지 못하고 사망했다. 이제는 말할 수 없는 미키가 대체 무엇을 말하려고 했는지 읽어내는 것이 우리에게 맡겨진 사명이다. 물론 미키에게만 국한된 일은 아닐 것이다.

또한 그냥 보이는 대로, 표면적으로 쓱쓱 읽지 않고 말의 이면에 숨은 의미가 있지 않을까 생각하면서 읽으면 보이는 게 있다.

어려운 책은 이론밖에 없다. 이런 책은 일상생활에서 어떤 상황에 적용될 수 있을지 생각하면서 읽을 때 그 의미를 알 수 있다. 쓰여 있는 글의 의미만 이해하려고 하면 전혀 짐작할 수가 없다. 그럴 때에도 구체적으로 생각해봐야 한다.

하지만 일부러 명확하지 않게 쓴 것이 아니라 진짜로 이해할 수 없는 글도 있다.

고등학생 시절에 니시다 기타로의 《선의 연구》와 같은 일본 철학자가 쓴 철학서를 읽으려고 한 적이 있다. 그런데 무슨 말인지 도통 이해할 수가 없었다. 잘 이해되었다는 사람도 있어서 내 머리가 나쁜가 생각한 적도 있는데 내 쪽의 문제만은 아니었던 것 같다.

예를 들어, 본 것 그대로가 진실이 아니라고 쓰여 있으면 그건 이해할 수 있다. 같은 걸 봐도 사람에 따라서는 다르게 볼 수 있으니 말이다. 니시다 기타로는 구성(이라는 말을 쓰는데) 이전의 순수 경험 혹은 직접 경험을 상정한다. 선율이 좋은 음악을 들을 때, 듣는 나와 음악은 한 몸이 된다. 하지만 문득 정신을 차리고 보면 내가 음악을 듣고 있다는 걸 깨닫게 된다.

그렇게 깨닫기 이전의 경험을 순수 경험 혹은 직접 경험이라고 한다. 여기까지는 이해할 수 있다. 하지만 그런 직접 경험의 세계는 "말할 필요도 없이 우리의 언어 사려(思慮)를 초월한 것이 아니면 안 된다", 나아가 그것은 "우리 사유의 범주를 초월한다"(니시다 기타로의 《다양한 세계種々の世界》)라고 된 부분에 이르러서는 무슨 말인지 종잡을 수가 없다. 직접 경험이 초월될 리 없기 때문이다.

납득이 가는 설명을 하는 사람도 있겠지만, 어찌 되었든 간에 이런 글을 읽으면 그냥 이해했다 치고 읽어나가는 수밖에 없는 것이다.

고등학생 때 내 수준에 맞지 않은 철학 원서를 무리해서 읽으려다가 좌절했던 나는 드디어 그리스 철학을 공부하기 시작했다. 철학은 용어도 개념도 그리스어가 바탕이라서 그리스 철학을 공부하지 않으면 영원히 (본질을 꿰뚫지 못하고) 수박 겉핥기 식의 논의밖에 하지 못한다는 선생님의 권유에 따른 것이었다. 분명 플라톤의 대화편은 비약이 없는 데다 간혹 소크라테스가 어려운 말을 해도 상대방이 "잘 모르겠으니 한 번 더 설명해주십쇼"라고 말한다. 이를 통해 철학이란 본래 일방통행이 아니라 대화를 통해 그것이 옳은지 아닌지 음미해가는 것임을 깨닫고, 어렵게만 느껴지던 철학자의 사상이 재미있게 느껴지기 시작했다.

소설책과
철학책의 관계

나는 소설은 많이 읽은 편이 아니지만, 어떤 주
제를 구체적으로 다루고 있어서 배울 게 많다고는 생각한
다. 철학과 소설은 대치되는 것이 아니라, 앞서 살펴본 것처
럼 특정한 조건이 아니라 모든 조건을 더해 생각한다는 의
미에서 철학도 구체적 학문이기에 소설과 철학은 지향하는
바가 매우 비슷하다고 나는 생각한다.

혹은 서로 보완하는 관계라고 할 수 있을지도 모른다. 본
래 철학은 구체적 학문이지만, 철학서에는 소설에 나올 법
한 이야기가 쓰여 있지는 않다. 하지만 책에 있는 글을 이

해하려면 자기 자신의 인생, 자기 자신을 둘러싼 인간관계에 비추어 생각해야지 이론만을 따로 떼어서 생각할 수는 없다.

소설을 읽으면 자신의 체험만으로는 배울 수 없는 인생을 알 수 있다. 철학서를 읽을 때 소설을 통해 배운 타인의 인생 경험을 염두에 두면 이해가 더 깊어진다.

한편으로는, 소설도 작품에 따라서 줄거리라고 할 만한 것도 없이 등장인물이 시종일관 자신의 생각만을 늘어놓는 형식도 있다.

소설도 작가의 사상(철학이라고 해도 좋겠다)이 밑바탕에 있어야 스토리가 생생하게 느껴지는 법이다.

《마티네의 끝에서》를 쓴 작가 히라노 게이치로와 대담한 적이 있는데, 그때 그가 한 말이 인상적이었다. 과거가 그러해서 지금의 내가 이렇다고 생각하게 되면 인과관계의 감옥에서 벗어날 수가 없는데, 소설은 끝났다고 말하고 싶어서 억지로 과거에서 원인을 찾아내려고 애쓰는 사람들에게 반박하고자 근대 문학을 다시 공부했고, 마침 그때 아들러의 저작을 읽고 시야가 넓어졌다는 것이다.

히라노 작가는 《나란 무엇인가》라는 철학 에세이를 쓰기도 했는데, 나도 철학을 기초로 한 소설을 써보고 싶다.

새로운 분야에 입문하려면 신서를 읽어라

내 책장에는 많은 신서(新書)가 꽂혀 있다. 새로운 지식에 대해 알고 싶을 때 입문서로 먼저 신서를 집어 들게 되기 때문이다(신서는 B6판보다 약간 작은 판형에 가격도 저렴한, 비교적 내용이 쉬운 교양서 및 총서로, 단행본으로 나왔던 것을 판을 바꿔 다시 내는 문고판과는 다르다. 일본을 대표하는 인문학 출판사 이와나미서점에서 1893년 창간한 총서 시리즈가 신서의 효시이다_옮긴이).

신서를 몇 권 읽으면 그때까지 잘 알지 못했던 분야라도 대충 어떤 건지 감이 잡힌다. 더 자세히 배우고픈 독자를 위해

이어서 읽으면 좋을 책이 소개되어 있기도 하다.

이와나미 신서 시리즈 중에 《플라톤 철학(プラトンの哲学)》
이라는 책이 있다. 계속 언급한 바 있는 내 지도교수였던 그
리스 철학자 후지사와 노리오가 쓴 것인데, 전문가가 어떤
스탠스를 가지고 신서를 썼는지 나와 있어서 아주 흥미진진
하게 읽었다.

플라톤에 대해서는 옛날부터 많은 책이 나왔던 터라 해석
이 정반대인 작품도 적지 않다. 이런 상황이다 보니 연구자
로서는 설령 입문서라고 해도 자신의 해석을 넣어야만 했다.
그런데 신서판이라는 판형의 특성상 그리스어 원문을 토대
로 하되, 여러 해석을 꼼꼼히 음미하고 검토하여 집어넣기는
어려웠다. 후지사와는 신서의 형태로 플라톤 철학을 제시하
는 작업을 가리켜 오랜 세월 기른 자식을 "호위를 붙이지도
않고 맨몸으로 내보내는 것 같은 기분이었다"고 말했다.

모든 신서가 이런 생각으로 쓰인 것은 아니겠지만, 믿을
수 있는 신서라면 전문서로 가기 전에 읽는 입문서라기보다
는 그 자체로 압축적으로 정리가 잘 된 어엿한 한 권의 책이
다. 그렇다 보니 그 신서를 읽기 위해 전문서를 읽어야 하는
상황도 생긴다.

《플라톤 철학》의 경우는 플라톤이 쓴 대화편을 읽지 않으

면 이 책을 이해할 수 없다고 말할 정도다.

　물론 그렇게 생각하고 플라톤의 저작을 직접 접하게 된다면 확실히 입문서로서 성공했다고 할 수 있다.

최근에는 전자책을 읽을 기회가 많아졌다. 전자책
은 따로 둘 곳이 필요하지 않아서 고맙지만, 한 가지 문제가
있다. 산 걸 잘 잊어버린다는 점이다. 눈이 닿는 곳에 책이
없으면 사두고도 깜빡할 때가 있다.

　그런 면에서 종이책을 바로 곁, 눈에 보이는 곳에 놓아두
는 것은 의미가 있다.

　다만 그렇게 하고 싶어도 책을 둘 장소가 마땅치 않을 때
가 있다. 나는 책장의 앞줄뿐 아니라 뒷줄에도 책을 둔다.
그뿐 아니라 더 뒤쪽에까지 책을 놓아둔다. 그러면 보이지

않는 그 책의 존재를 금세 잊어버리게 된다.

최근에 나는 종이책이 더 좋은지, 전자책이 더 좋은지 거의 따지지 않게 되었다. 전자책을 읽고 나서 나중에 종이책이 필요할 때가 있고, 그 반대의 경우도 있다.

외서의 경우, 내가 학생일 적에는 서점에 그 책이 있으면 바로 구할 수 있었지만 재고가 없으면 따로 주문해야 했다. 그러면 책이 내 손 안에 들어올 때까지 몇 주일에서 몇 개월이 걸리곤 했다. 게다가 책값도 비싸서 나처럼 서양 철학을 공부하면 지출되는 비용이 제법 되었다.

지금은 한 번의 클릭으로 외서를 살 수도 있고, 바로 읽을 수도 있다. 물론 모든 책이 전자책으로 나오는 것은 아니지만, 옛날처럼 손에 넣기까지 몇 개월이나 걸리는 일은 줄어서 해외 학자와 연구하면서 느꼈던 불리함은 사라졌다.

전자책의 진가는 외출했을 때 발휘된다.

나는 외출할 때 책을 몇 권 가방에 넣어 가지고 다닌다. 종이책은 부피가 크고 무거워서 갖고 다니기가 여간 힘든 게 아니다. 종수를 줄이면 되지만, 어떤 책을 읽고 싶을지 통 알 수가 있나. 오늘은 이 책을 읽으려고 했으나 다른 책이 읽고 싶어질 때도 있다. 그렇다 보니 외출할 때 어떤 책을 갖고 나갈지 망설이다가 결국 고르지 못하고 그날 읽을 만한 책을 전부 가방 안에 쑤셔 넣게 된다.

전자책이라면 어떤 책을 읽을지 고민하지 않아도 되니 고마울 따름이다. 그렇더라도 어떤 책이나 전자책으로 읽을 수 있는 건 아니어서 여전히 종이책도 가지고 다닌다. 따라서 가방의 무게가 이전과 그리 달라지지는 않았을 것이다.

심근경색으로 입원했을 때만 해도 아직 전자책이 나오기 전이라서 읽을 책을 집에서 잔뜩 가져와야 했으나, 지금이라면 전자책 단말기만 있으면 되니 그러지 않아도 되었을 것이다. 입원을 수개월이나 계속해야 한다면 이야기가 달라졌겠지만, 당시 의사가 한 달만 입원하면 된다고 했으므로 그 정도 기간이라면 종이책 없이도 견딜 수 있었을 것이다.

앞서도 말했지만 내가 가져온 책을 보고 주치의가 이것저것 물으며 말을 건넸다. 전자책이라면 내가 읽는 책 혹은 가져온 책이 뭔지 알 수 없었으니 의사가 내게 책에 관해 묻는 일은 없었을 것이다.

전자책의 결점이라면 일람성의 결여, 즉 훑어보기가 어렵다는 점이다. 전자책으로도 못할 건 없지만, 책을 휘리릭 넘기면서 읽고 싶은 부분을 찾아내기란 쉽지 않다.

두꺼운 책을 읽을 때는 남은 쪽수가 점점 줄어드는 기쁨을 느낄 수가 있다. 다 읽어가는 것이 아쉽게 느껴질 때도 있다. 그럴 때는 책을 받치고 있는 오른손과 왼손에 가해지는 무게감이 달라진다. 전자책에서는 그런 감각이 느껴지지 않는다.

이제 조금만 더 읽으면 된다는 쾌감을 느낄 수 없을뿐더러 쪽수 대신 몇 퍼센트 남았다는 표시가 되어 있긴 하나 단숨에 책을 읽어나간다는 느낌을 받을 수가 없다.

덧붙여 쪽 번호에 대해 말하자면, 지금은 책을 인용할 때 쪽 번호를 거의 쓰지 않는 편이지만, 학술 논문이라면 몇 쪽에서 인용했다는 것을 분명하게 밝히지 않으면 안 된다.

그런데 전자책의 경우는 쪽 번호가 나와 있는 책이 거의 없어서 책이나 논문에 인용할 때 난감하다. 그럴 때를 대비해 전자책을 사놓고 별도로 종이책을 사는 사람도 있다. 한 권이면 될 것을 두 권이나 사야 되니 경제적이라고 할 수는 없다.

이렇게 쪽 번호가 달리지 않은 전자책은 어디쯤 읽었는지 알기 힘든 것이 꼭 우리네 인생과도 같다는 생각이 든다.

인간은 태어나자마자 바로 자서전을 쓰기 시작한다. 이 자서전은 죽었을 때 끝이 난다. 대개는 미완으로 끝이 난다. 원래 인생에는 정해진 스토리가 없으니 미완이라는 말 자체가 이상하지만, 이 자서전은 전자책처럼 쪽 번호가 달려 있지도 않고, 읽다 보면 새로운 페이지가 툭 튀어나오니 지금 얼마나 읽었는지도 알 수 없다.

전자책은 지금 보이는 부분만 읽게 되니 과거도 미래도 없이 지금 여기만 있는 인생을 살고 있는 것 같다.

사전에 대해 말하자면, 최근에는 전자사전만 쓰고 종이사전은 전혀 쓰지 않는다. 일단 검색이 압도적으로 빠르다. 게다가 큰 사전은 들고 다닐 수 없지만, 전자사전이라면 몇 권이나 들고 다닐 수 있고 같은 단어를 여러 사전에서 찾을 수도 있다.

장정이 맘에 든다고 종이책에 애착을 가진 사람이 많다. 단 사전에 관해서라면 빨리 찾는 것이 가장 중요하기 때문인지 종이책이 아니면 안 된다고 생각하는 사람은 그리 많지 않은 듯하다.

학창 시절에 쓰던 그리스어 사전은 백과사전처럼 크고 무거워서 밖에 들고 다닐 수가 없었다. 그리스어로 쓰인 책을 매일 읽었는데, 수중에 사전이 없으면 읽을 수가 없었다.

그래서 사전을 가지고 다닐 수 없다는 이유로 강의에 출석하지 않은 친구들이 많았다. 지금은 전자사전이 있어서 그런 핑계를 댈 수 없겠지만. 다만 그 당시 공부하기가 싫어서 무거운 사전을 핑계로 학교에 나오지 않았던 것은 아니다(1956년생인 저자가 대학을 다니던 1960년대 후부터 1970년대 초는 일본의 학생운동이 활발하던 시기로, 특히 1968~1969년에 각 대학에서 결성된 전학공투회의가 유명한데, 아마 이 일을 지칭하는 게 아닌가 싶다_옮긴이).

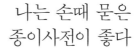
나는 손때 묻은
종이사전이 좋다

전자사전은 장점이 많다. 하지만 종이사전에도 좋은 점이 있다. 찾으려던 단어가 아님에도 우연히 만나서(그런 느낌이다) 그 의미를 배울 수가 있다는 것이다. 전자사전은 검색한 단어밖에 나오지 않지만, 종이사전은 그 단어와 근처에 있는 단어까지 보인다. 인공지능을 활용해 관련어까지 제시하는 사전도 생길지 모르지만, 지금도 종이사전이라면 찾은 단어 이외의 것까지 볼 수 있어서 생각지도 못한 단어와 만날 수 있다.

종이사전으로 단어를 찾는 데 시간이 오래 걸리느냐 하면 꼭 그렇지도 않다. 보통 책도 그렇지만 익숙해지면 찾으려는 단어가 있는 페이지를 단번에 찾을 수 있다. 다만 종이사전을 쓰던 시절에 그랬다는 말이지, 지금도 그럴 수 있느냐고 한다면 잘 모르겠다.

종이사전은 손때가 묻을 정도로 오래 쓰면 공부했다는 느낌이 들지만, 전자사전은 늘 새로워서 그런 느낌을 받을 수 없다.

단 공부했다고 '느껴진다'거나 다른 사람들에게 공부한 것처럼 '보인다' 하는 것은 아무런 의미가 없다. 진정으로 공부를 하고 배우는 것이 중요하다.

사전 읽기와
찾기의 차이점

　　사전에 대해 말하니, 중학생 시절에 매월 백과사전이 와서 열심히 읽었던 기억이 난다. 보통은 어학사전이든 백과사전이든 찾는 건 똑같다고 여기겠지만, 백과사전은 보면 꽤나 재미있다.

　　나는 매월 백과사전이 올 때마다 첫 페이지부터 읽었다. 읽었다고 해도 눈으로 훑는 게 고작이었으나 다 볼 때쯤이면 새 백과사전이 도착했다.

　　지금은 그 시절과 달리 백과사전도 전자사전으로 보는 사람이 많은 듯하다. 물론 그것은 그것대로 편하겠지만, 앞에서 종이사전에 대해 말했듯, 관계없는 항목도 볼 수 있어서 뜻밖에도 그때까지 전혀 알지 못했던 분야에 관심을 갖게 되기도 한다.

사실 종이 백과사전은 무겁고 두꺼워서 항목을 찾기는 해도 읽어야겠다는 생각은 하지 않아서 필요한 정보만 찾아서 단편적으로 읽었다. 하지만 매월 사전이 배달되다 보니 어느새 책을 읽을 때처럼 처음부터 끝까지 쭉 읽게 되었다.

어학사전이든 백과사전이든 '읽을' 때는 종이책이 더 나은 듯하다. 검색할 때는 전자사전이 편하지만 말이다. 학창 시절에 선생님이 "난 하루에 한 번은 꼭 고지엔(広辞苑, 이와나미서점에서 간행된 일본어 사전으로 내용의 권위와 신뢰성 면에서 일본 독자들의 높은 평가를 받고 있다_옮긴이)을 들여다봐"라고 말씀하셨다. 그게 가능한 일인지 의문이 들었으나 단어를 '찾는' 것이라면 시간이 얼마 걸리지 않으니 하루에도 몇 번이고 들춰볼 수 있다. 하루에 한 번 고지엔을 '읽는' 것이라면 지금도 거의 불가능하겠지만.

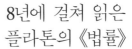

8년에 걸쳐 읽은 플라톤의 《법률》

　대학 시절, 플라톤의 《법률》을 독서회에서 8년간에 걸쳐 읽은 적이 있다. 이 책은 플라톤이 죽기 얼마 전에 쓴 미완의 대작이다. 번역서는 두 권으로 해서 이와나미 시리즈로 나왔는데 분량이 제법 되었다. 하지만 이 독서회에서는 그리스어로 읽는 바람에 매번 3쪽 정도밖에 읽지 못했다.

　나는 이 독서회에 1978년에 들어갔고, 1989년까지 《법률》 외에도 플라톤의 《편지들》 《파이드로스》 《파이돈》을 읽었다. 이 독서회는 훨씬 전부터 있었고, 나는 중도 참가자였다.

　매주 한 번꼴로 모였고, 여름과 겨울에는 쉬었다. 독서회는 간사이의과대학의 모리 신이치(森進一)● 선생님 자택에서 열렸는데, 작가이기도 한 선생님이 여름과 겨울에 장기 휴가를 받아 산에 틀어박혀 소설을 집필하느라 그 사이에는 독서회가 열리지 않았기 때문이다.

3쪽을 읽기 위해 많은 주석서와 번역서를 참조해야 해서 매번 예습에 상당한 시간이 걸렸다. 나는 장차 대학원에 진학할 뜻이 있어서 시험 공부가 되었지만, 그 독서회에는 교토대학의 대학원생이나 철학 전공자뿐 아니라 의대생과 의사도 있었다. 의학 공부를 하고 의사로서 격무에 시달리는 틈틈이 그리스어 교재를 읽을 준비를 하려면 보통 힘든 일이 아니었을 것이다.

의대생의 경우, 득 될 것도 없는 공부를 하다가 중요한 의사국가고시에 떨어지기라도 하면 어쩌느냐며 '쓸데없는 공부'를 그만뒀으면 좋겠다고 희망하는 학부모도 있었다고 한다. 의사고시를 치르는 의대생의 나이가 대체 몇인데 부모가 참견하는지 그건 좀 아니지 않나 생각했는데, 시대를 막론하고 부모는 자녀 인생에 간섭하는 모양이다.

이런 문제는 소크라테스 시대부터 있었다. 세상에 나오려

● 1922~2005년. 일본의 고대 그리스 철학 연구자이자 소설가. 아쿠타가와상 후보에도 세 번 올랐다.

는 젊은이들은 전문 지식을 습득하기 위해 소피스트(직업교사)를 고용해 배웠다. 당시에도 자식이 입신양명의 면허증을 딸 수 있도록 부모가 돈을 아끼지 않았던 것이다.

그런 상황에서 '쓸데없는 공부(철학)'를 권하는 소크라테스는 청년들에게 악영향을 끼치는 존재로만 비쳤을 것이다. 결국 소크라테스는 청년들에게 해악을 끼친다는 이유로 고소를 당하고 사형 선고를 받았다.

오늘날에는 전문 분야를 뛰어넘어 인간으로서 성장하기 위한 '쓸데없는 공부'를 학생들 본인이 거부하는 것처럼 보인다. 국가고시와 관계없다는 걸 알자마자 내 수업을 듣지 않는 학생이 있었다. 바로 코앞에서 간호학 교과서를 펼쳐놓고 기출문제를 열심히 풀었다.

모리 선생님이 그리스 철학을 공부해보라고 권하시기에 나는 그때까지 독학했던 그리스어를 처음부터 다시 배우기로 했다. 아직은 실력이 부족하다며 "플라톤의 이 교재는 읽을 수 없겠어"라고 모두가 결론 내리는 걸 보고 깜짝 놀랐기 때문이다.

당연히 읽을 수 있겠거니 생각하고 시간을 내 독서회에 참가했는데, 교재의 그리스어를 읽을 수 없겠다고 하는 걸 보고는 그 실력 차에 아연실색하고 말았다.

읽을 수 없다는 걸 알기 위해서는 읽을 수 있는 것이 전제되어야 한다. 나 같은 초보자라면 그저 실력이 없어서 읽지 못하는 것이니 교재가 미비해서 읽을 수 없다는 식의 판단은 할 수 없는 것이다.

어찌 되었든 외국어 책뿐 아니라 어떤 책을 읽든 내가 잘 모르는 것은 아닐까 의심하면서 읽는 것이 중요하다.

독서회에는 철학 전공자도 많았는데, 교재를 한 자, 한 자 정확히 읽는 것을 목표로 해 그리스어에 관해서는 많은 논의를 했지만, 그 내용을 이해하기 위해 다 함께 모여 논의하는 일은 거의 없었다. 그러기에는 교재 자체를 읽는 것에 너무 많은 에너지를 쏟은 탓인지도 모른다.

독서회를 통해 선생님이나 참가자들과 친해졌지만, 독서회가 없는 날에는 만난 적이 없다. 연초에 인사하러 가는 사람도 있었던 모양이지만 나는 그렇게까지 친해지고 싶은 마음은 들지 않았다.

당시에 선생님이나 다른 참가자들과 친해지는 것은 내게 그리 중요한 문제가 아니었다. 지금 생각하면 공부하러 간다는 생각이 앞섰던 것 같다.

고전어 강의는
쓸모없다는 세상

독서회 활동을 하면서 그리스 철학을 공부해보라는 모리 선생님의 권유를 받았다. 앞서 말한, 철학은 용어도 개념도 그리스어가 바탕이라서 그리스 철학을 공부하지 않으면 언제까지고 수박 겉핥기 식의 논의밖에 하지 못한다고 말씀해주신 분이 바로 모리 선생님이다.

선생님 댁에서 열리는 독서회는 상급반, 하급반이 있었다. 상급반은 2층에 있는 선생님 서재에서, 하급반은 1층 식당에서 책을 읽었다. 하급반은 선생님이 직접 지도하시지 않았다.

나로서는 그리스 철학을 공부하기로 마음먹었기 때문에 하루라도 빨리 상급반에 들어가고 싶었지만, 그리스어 실력이 바로 늘지는 않아서 이미 몇 년씩 그리스어를 배운 사람만 있는 상급반에 들어갈 만큼은 되지 못했다. 그런 내가 하급반에서 배우는 것은 당연한 일이었다.

머지않아 교재를 읽을 수 있게 되었다. 대학이라면 상급반에 들어갈 정도의 실력이었으나, 몇 년씩 하급반에서 공부하는 사람도 있어서 바로 상급반 편입은 안 되겠다고 선생님이 설명해주셨다. 별게 다 문제다 싶어 놀랐다. 이런 일도 사람들과 사적으로 친해지려고 생각하지 않았던 이유 중 하나다.

그래도 1989년 12월에 오랫동안 계속해온 독서회를 마감하는 기념으로 다 함께 구라시키로 1박 여행을 간 것은 지금도 즐거운 추억으로 남아 있다. 요리료칸에서 만찬회를 하고, 구라시키국제호텔에서 잠을 잤다. 만찬회가 시작되기 전, 호텔에 있던 워드프로세서 전용기(컴퓨터가 아니다)로 독서회에 대한 단문을 작성해 선생님에게 드렸다. 작가이기도 했던 선생님이 뜻밖에도 "글 제법 괜찮네"라고 징찬해주셔서 놀랐던 것이 어제 일처럼 기억난다.

대학원을 졸업하고 나라여자대학에서 그리스어를 가르치게

되었다. 4월에 알파(α), 베타(β), 감마(γ)를 배우기 시작한 학생들이 가을이 되면《소크라테스의 변명》을 읽을 수 있었다.

독서회 때처럼 매번 고작 몇 페이지밖에 읽지는 못했지만 문법 설명을 하는 것은 물론 내용에 대해서도 학생들과 토론했다.

나에게 느리게 읽기란 대학 강의에서 오랜 시간 들여 교재를 읽는 것이다. 외국어를 배우는 방법에 대해서는 나중에 다시 설명하겠지만, 외국어로 읽으면 천천히 읽을 수밖에 없다.

외국어라도 속독하는 게 좋다는 사람이 있는데, 천천히 읽지 않으면 실력이 늘지도 않거니와 저자가 시간을 들여 쓴 글을 빨리 읽어봤자 별 의미가 없다고 생각한다.

《소크라테스의 변명》은 문법 공부를 마치면 해마다 그 전해에 읽었던 부분을 뒤이어서 읽었다. 처음부터 읽는 게 아니라는 뜻이다. 다 읽으려면 몇십 년은 걸리겠다고 생각했는데, 13년이 지났을 때 갑자기 그리스어 강의가 폐강되었다. 수강생이 적다는 게 그 이유였다.

수강생이 적은 게 당연했다. 그리스어 강의에 몇십 명이나 되는 학생들이 올 리 없지 않은가. 유럽의 사상과 문화를 배우려면 고전어를 필히 알아야 한다. 영어를 배울 때도 그리스어와 라틴어 지식이 있으면 어원을 알 수 있어서 더 깊이 이해할 수 있다.

과거에는 그리스어 강의가 없어지는 건 나라여자대학의 수치라고 힘주어 말한 선생님도 있었다. 하지만 그런 선생님은 이제 은퇴하고, 남아 있는 젊은 선생님들은 고전어를 읽을 수가 없어서 고전어를 배우는 의미와 필요를 이해하지 못했다.

요즘 세상은 무엇이든 경제 효용이니 비용 대비 효과니 따지며 쓸모있는 것과 그렇지 않은 것을 판별하려고 하는데, 이런 폐해가 학문의 세계까지 퍼진 것이다. 대학이 고전어를 배울 기회를 없애려 하다니, 어쩌려는 걸까? 내 안에서 부글부글 끓어오르는 분노가 좀처럼 진정되지 않았다.

"지금 당신들이 하려는 일이 머지않아 당신들 목을 조르게 될 겁니다."

이런 말을 남기고 대학을 떠났는데, 그 후 문학부가 아예 대학에서 사라지는 시대가 되었다. 대학은 실용적인 것을 배우는 곳이 아니다. 문화 계열의 학문이 필요 없다고 생각하는 무지한 정치가들 때문에 학문의 자유가 위협받고 있다.

독서회를 주관하는 모리 선생님은 참가자들에게
사례를 받지 않았다. 아버지에게 "그리스어를 배우게 됐어요"
라고 말씀드렸더니 "월사금(月謝金)이 얼마냐?"라고 물으셨
다. "묻지는 않았는데 아마 받지 않으실걸요"라고 대답했더
니 "세상에 공짜가 어디 있어? 지금 당장 전화해서 물어봐"
라고 꾸짖으셨다.

아버지뿐 아니라 나 역시 아무런 보상을 바라지 않고 그
저 베푸는 사람이 있을까 싶어서 전화를 걸어 선생님에게
사례에 대해 물었다. 선생님은 이렇게 대답하셨다.

"만일에 앞으로 자네의 후진 중에 그리스어를 배우고 싶다는 사람이 있으면 그 사람에게 자네가 가르쳐주면 되네."

스승에게 받은 걸 스승에게 돌려줄 수는 없다. 마찬가지로 자식은 부모에게 받을 것을 부모에게 돌려줄 수 없다. 지금까지 많은 사람에게 받을 것을 부모가 아닌 자식에게, 후세의 주역인 젊은 사람들에게, 또는 사회에 돌려줄 수밖에 없는 것이다.

나중에 대학에서 그리스어를 가르치게 되었을 때나 사적으로 그리스어와 라틴어, 그 외의 언어를 가르칠 때마다 선생님의 이 말씀이 떠올랐다.

속독하는 사람들은 저자가 얼마나 시간을 들여 책을 썼는지 모를 것이다.

또한 단순히 지식이나 정보를 제공하기 위한 책만 있는 게 아니라는 것도 모를 것이다. 그런 책도 물론 필요하지만 그게 전부는 아니다.

언젠가 친구 중 한 명이 책을 항상 속독한다고 하기에 그럼 어디 한번 읽어보라며 내가 쓴 책을 줬더니 순식간에 다 읽었다.

나는 그가 정말로 책을 읽고 내용을 이해했는지 알고 싶었다. 그래서 몇 가지 질문을 했으나 전혀 이해하지 못하고 있었다. 장의 첫머리에 결론이 나와 있고, 그 후에 그것을 뒷받침하는 예증이 나오는 구성의 책이라면 그것만 빠르게 읽어도 되겠지만, 모든 책이 그런 식으로 쓰인 것은 아니다.

결론만 이해해봤자 별 의미가 없다. 영어에는 '짧게 말하면(to make a long story short를 뜻한다_옮긴이)'이란 표현이 있는데, 긴 이야기를 짧게 말할 수밖에 없었던 필연성이 있었을 것이다.

책을 쓰는 데는 꽤 오랜 시간이 걸린다. 그렇게 긴 시간을 들여 쓴 책을 속독해봤자 별 의미가 없다. 목적지에 도착하기만 하면 된다면 고속철도나 비행기를 이용해도 되겠지만, 도중의 경치를 즐길 생각이라면 고속철도나 비행기는 너무 빠르다. 자전거만 해도 경치를 즐기기에는 좀 아쉬움이 있다. 걸어야 보이는 게 있다.

독서도 마찬가지다. 독서는 삶과 같아서 목적지에 도착하는 것이 목적이 아니다. 삶의 목적지가 죽음이라면 서둘러 죽어야 한다. 하지만 물론 그렇지 않다. 어디에도 도착하지 않아도 된다. 도중에 쉬어도 되고, 여정을 그만두어도 된다.

어찌 되었든 과정을 즐기지 않으면 독서하는 의미가 없다.

나의 언어로
번역하라

직접 번역을 하는 사람은 많지 않을 텐데, 번역은 시간을 들여 원문을 읽는 궁극의 정독이자 숙독이라고 할 수 있다.

김연수 작가는 번역은 가장 심층적 독서라고 말했다(《청춘의 문장들》). 대체 왜 여기서 이 사람은 이런 행동을 하는지, 작가는 왜 이런 묘사를 하는지 항상 물어야 한다.

이런 질문에 정답은 없지만 김연수는 이렇게 말했다.

"반복해서 질문을 던져보면 어떤 깨달음을 얻을 수 있다. 그런 식으로 숨은 의미를 알 수 있다."

나도 플라톤과 아들러의 저작 등을 번역해왔지만, 읽는 것과 번역하는 것은 읽기의 밀도가 다르다. 읽을 때도 숙독할 때에는 언어 전반에 충분히 주의를 기울이려고 하지만, 번역할 때는 완전히 이해하지 않으면 할 수 없기 때문이다.

저자의 생각을 완전히 이해하기란 불가능하다. 그래서 번역을 막 시작하고 나서는 무리라는 생각에 다 내팽개치고 싶어진다. 그래도 몇 달이고 몇 년이고 저자와 씨름하다 보면 조금씩 이해하게 된다. 말이 없는 저자와 대화도 나눈다. 번역하는 게 아니더라도 이렇게 책을 읽지 않으면 저자의 의도를 전혀 읽을 수 없다.

처음에는 훈련이 필요할지도 모른다. 나는 초등학생일 때 해석하는 걸 배웠다.

아침에 교실에 들어가면 칠판에 시가 적혀 있었다. 담임 선생님의 자작시거나 다른 누군가의 작품이었다. 1교시 수업은 그 시에 대한 감상을 말하는 것이었다. "좋았어요"라고만 말해서는 안 되었다. '증거'(이는 선생님의 말버릇이었다)를 대야 했다.

왜 감동했는지 그 근거를 대는 것은 중요한 일이라고 생각한다. 하지만 지금 생각하면 그저 감동했다는 말 한마디로도 괜찮지 않았을까 싶다.

어느 부분에서 왜 감동했는지를 발표하는 것은 감상보다

는 평론의 영역이라서 초등학생에게는 너무 어려운 과제였다는 생각이 지금은 든다.

막 생각나는 것이 미야자와 겐지(宮沢賢治)*의 《비에도 지지 않고》를 읽었을 때의 일이다. 이 시는 마지막까지 주어가 없다. 시가 "나도 그런 사람이 / 되고 싶다"라는 말로 끝나니 미야자와 겐지는 앞에 등장하는 멋진 사람이 아니다, 그런 사람이 되고 싶다고 했으니 지금은 그렇지 않다는 의미다, 이런 의견을 다 같이 주고받았다. 나는 "남쪽에 죽어가는 사람이 있다면 / 가서 겁내지 말라고 말해주고"라는 구절이 인상적이었는데 왜 그렇게 느꼈는지는 선생님이 물어도 제대로 대답할 수 없었다.

나는 초등학교 3학년 때 할머니와 할아버지, 남동생을 연달아 잃었다. 철학을 배우려고 한 것은 이때, 죽음에 극심한 공포를 느끼고 그에 관해 알고 싶었던 것이 계기가 되었다. 물론 이때는 철학이라는 학문이 있는지도 몰랐다. 하지만 겐지의 시 속 한 구절을 읽었을 때, 나도 죽음을 앞둔 사람에게 가서 "겁내지 않아도 돼요"라고 말할 수 있는 사람이 될 수 있길 바랐다.

● 1896~1933년. 일본의 동화작가이자 시인이며 교육자. 애니메이션 '은하철도 999'의 원작 《은하철도의 밤》이 유명하다.

낭독을 하면
느껴지는 것

낭독이란 소리 내어 읽는다는 뜻이다. 낭독을 하면 천천히 읽을 수 있다. 자칫 건너뛰고 읽어버릴 법한 부분까지 주의를 기울여 읽을 수 있다. 거리를 자동차로 질주하는 것이 아니라 여유롭게 산책하는 느낌이다.

아이가 태어나자 아내는 매일 밤 자기 전에 책을 읽어주었다. 어머니가 내게 책을 읽어주셨는지는 기억에 없지만 분명히 읽어주셨을 거라고 생각한다.

입원해 계신 어머니에게 책을 읽어드렸을 때, 부모자식 관계가 역전된 듯 신기한 기분이 들었다.

나는 지금은 한국어를 공부하고 있는데, 선생님과 함께 읽는 한국어 책을 먼저 소리 내어 읽고 그 후에 다시 일본어로 읽는다. 일본어를 소리 내어 읽는 일은 거의 없지, 라는 생각을 늘 하면서 읽고 있다.

책을 빨리 읽는 사람은 글자 그대로 묵독을 하지만 늘 소리 내지 않고 읽는 것은 아니다. 낭독을 해온 사람 중에는 빨리 읽지 못하는 사람이 있는데, 소리를 내지 않았을 뿐 낭독의 속도로 읽기 때문일 것이다.

요새는 오디오북이 있어 눈이 잘 보이지 않는 사람뿐 아니라 아침 출근길에, 또는 집안일을 하면서 책을 듣는 사람도 있다.

귀로 들으면 활자로 읽을 때와는 다른 인상을 받는다.

고등학생 시절, 수학여행을 갔을 때 가이드가 요시카와 에이지(吉川英治)*의 《미야모토 무사시》를 수십 페이지나 외워서 읽는 것을 보고는 깜짝 놀랐다. 그때 책이란 본래 귀로 듣는 것이 아닐까 생각했다. 실제 호메로스의 《일리아스》나 《오디세이아》도 말로 이어져 내려왔고, 작자 미상의 《헤이케 이야기》도 비와법사(琵琶法師, 일종의 예인으로 거리에서 비파를

● 1892~1962년. 일본의 소설가. 《삼국지》 저술로 유명하며 작가의 이름을 딴 문학상 및 문화상이 있다.

연주하며 이야기를 들려주는 눈먼 승려를 이르는 말_옮긴이)에 의해 입으로 전해졌다.

이때 가이드의 암송을 들으며 이토록 긴 문장을 기억할 수 있다는 것에 깜짝 놀랐다. 시험 전 책 몇 페이지조차 외우기 힘든 마당에 이런 일이 가능한가 싶어 놀란 것이다.

앞에서 말한 대로 스승인 후지사와 노리오의 환갑을 기념해 연구실 사람들이 축하의 의미로 선생님이 번역한 소포클레스의 《오이디푸스 왕》 일부를 고대 그리스어로 상연했다.

일본어로 낭독하는 것을 들어도 책을 읽을 때와는 다른 인상을 받았겠지만, 이때는 고대 그리스어로 상연해 평소 공부하는 그리스어의 울림에 압도되었던 기억이 난다.

신문기사
비판적으로 읽기

빨리 읽어도 된다. 아니 빨리 읽기를 해야 할 때도 있다. 시간을 들여 읽을 필요가 없는 경우에 그렇다. 어떤 책이든 반드시 천천히 읽어야만 하는 것은 아니다.

잡지의 경우 내 관심사에 관한 것이라면 정성 들여 읽겠지만, 필요한 정보를 얻기 위해서는 골라 읽되 천천히 시간을 들여 읽을 필요가 없다. 신문도 필요한 기사를 빠르게 읽는 것이 필요하다.

물론 잡지도 신문도 시간을 들여 처음부터 끝까지 정성껏 읽을 수 있다. 도서관에 가면 몇 종류나 되는 잡지와 신문이

비치되어 있다.

나도 아침을 먹고 난 후에 느긋하게 신문을 읽은 적이 있다. 하지만 어느 날, 신문을 읽는 데 들이는 시간이 너무 많다는 사실을 깨닫고 일을 하기 전에 신문을 읽는 것은 그만두었다.

내 경우는 오전 시간과 한밤중에 일이 잘되었기 때문에 머리가 가장 맑은 아침식사 후의 몇 시간을 정보를 얻을 요량으로 신문을 읽는 데 쓰지 않기로 한 것이다.

지금은 인터넷으로 신문을 보기 때문에 갱신된 기사를 아침뿐 아니라 하루 종일 읽을 수 있다. 하지만 젊은 시절에는 신문이 배달되는 이른 아침까지 일을 하다가 우편함에 신문이 꽂히는 소리가 나면 바로 신문을 가져와 읽곤 했다.

신문을 대충 훑다 보면 잠이 오는데, 가장 피곤하고 머리가 멍할 때쯤 신문을 읽었던 것이다.

개인이 여러 신문을 구독하는 것은 실질적으로는 어렵겠지만, 여러 신문을 읽고 비교해보는 작업은 꼭 필요하다. 하나의 신문만 읽으면 지금 세상에서 일어나는 일들을 제대로 파악할 수가 없다. 기사로 내보낼지 말지, 어떤 해석을 할지는 신문에 따라 매우 다르다.

국내 신문뿐 아니라 해외 신문까지 훑다 보면 이 나라에서 일어나는 일이 단신으로만 다뤄지고 있음을 알게 된다. 세상의 움직임을 대국적으로 이해하려면 가급적 해외 신문도 봐야 한다.

지금은 신문뿐 아니라 미디어 자체가 사실을 왜곡하고 은폐해도 인터넷이 차단되지 않는 한 정부가 이를 숨길 수 없다. 전쟁 중일 때 영어를 아는 사람들은 단파방송으로 세계 정세를 파악하고, 전쟁의 국면이 불리해 머지않아 패전하리란 것을 알고 있었다.

어떤 글을 읽든 무작정 그대로 받아들이지 말고 스스로 생각하는 힘을 길러야 한다. 신문의 경우 많이 읽는 것이 바람직하지만 약간의 정보로도 정확한 판단을 할 수 있어야 한다.

여러 권을 동시에 읽으면
좋은 점

나는 끊임없이 동시에 여러 책을 읽는다. 많을 때는 열 권의 책을 읽는다. 동시에 많은 책을 읽는다고 해서 혼란스럽거나 하지는 않다. 오히려 한 권만 읽으면 진이 빠질 때가 있는데, 그럴 때는 읽던 책을 덮고 다른 책을 읽으면 기분이 전환되어 계속 읽을 수가 있다.

책을 읽는 데 끈기가 필요하다고 생각하는 것이 외려 이상하다고도 할 수 있다. 교과서를 자꾸 들여다보며 공부해야 하는 때에 피곤하다고 해서 교과서를 덮으면 아무것도 배울 수 없지만, 즐거움을 위한 독서라면 피곤해졌을 때 거기서 바로 책을 덮어도 된다. 이럴 때 동시에 여러 권을 읽으면 다른 책으로 간단히 넘어갈 수 있다.

많은 책을 동시에 읽으면 책을 꾸준히 읽을 수 있어 매우 유용할 뿐 아니라 전공에 연연하지 않고 폭넓은 장르의 책을 읽게 되어 시야도 넓어진다.

돌이켜보면, 그리스 철학을 공부하기 전에는 철학만 해도 다양한 시대, 다양한 나라의 철학자가 쓴 책을 닥치는 대로 읽었다. 그런데 언제부터인가 한정된 책만 읽게 되었고, 논문을 쓸 때도 전체적으로 보기보다는 한정된 페이지의 글을 해석하는 형편이다 보니 내가 하고 싶었던 것은 이게 아니었는데 하는 생각이 들었다.

학업을 마치고 일도 그만둔 지금, 자유롭게 다른 장르의 책을 읽고 쓰게 되니 다시금 고등학생 시절로 돌아간 듯한 기분이 든다.

우메사오 다다오(梅棹忠夫)*의 말을 빌리면 독서에는 추종적 독서, 비판적 독서, 창조적 독서가 있다(《지적 생산의 기술》). 학생 시절, 추종적으로 읽었다고는 할 수 없지만 텍스트를 세밀하게 읽는 훈련을 받고 나서야 겨우 비판적으로

● 1920~2010년. 일본의 민속학자이자 문화인류학자.

읽게 되었다.

지금은 책을 많이 읽는데, 저자가 무엇을 말하는지 알기 위해서만 책을 읽는 것이 아니라 스스로 생각하기 위해 책을 읽을 때가 많아졌다. 생각나는 게 있으면 노트나 책 한 귀퉁이에 적어놓는다.

경주하듯 읽을
필요는 없다

이렇게 나는 동시에 많은 책을 읽는데, 이런 경우 몇 권 읽었느냐 하는 것에 연연하지 말아야 한다.

적어도 무엇을 읽었는지는 기록해두고 싶어서 적기 시작했는데, 그러자 몇 권 읽었는지가 신경 쓰이게 되었다. 또 다 읽고 나서 바로 적지 못하고 한동안 미루게 되면 기록하는 것이 귀찮아진다.

하루에 한 권씩 책을 읽는다는 목표를 정했을 때는 책을 읽는 것 자체가 목표가 되어 천천히 읽는 즐거움을 잊기도 했다.

몇 권을 읽겠다가 아니라 한 달에 몇 쪽을 읽겠다는 것을 목표로 한 적도 있다. 다 같은 책이라고 해도 얇은 책이 있는가 하면 두꺼운 책도 있고, 페이지가 단숨에 넘어가는 책이 있는가 하면 좀처럼 진도가 나가지 않는 책도 있어서 하루에 한 권이라는 목표를 세우면 무심코 얇은 책을 선택하게 된다.

그런 면에서 쪽수를 목표로 하는 것은 합리적이라고 할 수 있다. 그래도 월말이 다가오고 목표치에 간당간당하게 되면 곰곰이 생각하면서 읽어야 하는 책이 아닌 줄거리만 쫓아도 되는, 한 번 읽고도 바로 이해가 되는 책만 고르게 된다.

책 한 권을 빨리 읽겠다고 활자가 적은 단카집을 속독해봤자 별 의미가 없다. 몇 쪽 읽겠다고 목표를 정하면 잠시 멈추어 곰곰이 생각해봐야 페이지가 넘어가는 철학서는 피하게 된다. 그러면 무엇을 위해 책을 읽는지 알 수가 없어진다.

고등학교 동창 중 한 명은 통학 기차 안에서 매일 이와나미 신서를 두 권씩 읽었다고 한다. 나는 그럴 수 없었다. 몇 권 읽었는지 혹은 몇 쪽 읽었는지를 신경 쓰기 시작하면 책의 내용을 이해하고 음미하는 일이 뒷전으로 밀리게 된다. 책을 읽을 때는 목표치를 정하지 않아야 마음이 편해진다.

재미있는 부분에서 멈춰야
계속 읽게 된다

재미있는 책이라도 단숨에 읽을 수 없는 두꺼운 것이 있다.

니체가 쇼펜하우어의 책을 읽었을 때 매일 다 읽어가는 것이 아쉬워서 마지못해 잠이 들었다고 한 것은 앞에서 말한 대로다.

이런 책은 어디쯤에서 그만 읽느냐가 중요한 문제가 된다. 잠자리에서 읽으면 졸음이 밀려올 때 거기서 멈추면 되지만, 예상외로 책이 재미있으면 잠들지 못할 수가 있다.

나는 언제 읽기를 멈추면 좋을지에 대해서는 가토 슈이

치의 책을 통해서 배웠다. 재미있는 부분에서 읽기를 중단하면 일 때문에 독서를 중단해도 다시 읽고 싶어진다. 어서 그다음을 읽고 싶어서 마감을 열심히 맞출 수도 있다. 나는 간식을 별로 먹지 않는데, 간식을 낙으로 삼아 일하는 사람이 이런 기분일까 생각해본 적 있다.

어디에서 읽는 걸 그만둘지 헷갈리는 책은 정말로 재미있는 책이다. 재미가 없으면 이런 일로 헷갈리지 않는다.

요새 김연수 작가의 책을 읽고 있다. 아직 한국어 실력이 충분하지 않아서 읽는 데 시간이 걸리지만, 몇 줄만 읽어도 생각할 거리가 많아서 그에 관해 한국인 선생님과 의견을 나눈다.

문제는 재미있지만 읽는 데 시간이 너무 걸려 일에 지장이 생긴다는 점이다. 하지만 일을 뒷전으로 미룰 만큼 언제까지고 재미있게 읽고 싶은 책을 만날 수 있다는 것은 참 고마운 일이다.

김연수 작가의 책은 너무 재미있어서 읽는 걸 중단해도 그대로 두 번 다시 책을 펴지 않는, 그런 일은 결코 없다.

시험 전날에 공부는 제쳐놓고 소설을 읽는 심정과 아주 비슷하다.

4장

잘 읽고 있습니까

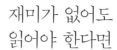
재미가 없어도
읽어야 한다면

지금도 원고를 쓰기 위해 필요한 책을 찾아서 읽는 것은 고통이다. 인용을 전혀 하지 않고 쓸 수 있으면 좋겠지만, 논문을 쓸 때는 그런 게 용납되지 않는다.

연구를 위해서는 꼭 읽어야만 하는 책이 있는데, 그런 책을 읽는 건 그리 즐겁지만은 않다.

우메하라 다케시(梅原猛)* 가 학창 시절에 그리스 철학을 배운 것을 알고 있는 사람은 많지 않을 것이다. 우메하라가

● 1925~2019년. 불교 사상을 중심으로 한 일본의 철학자. 고대사 연구 분야에서도 일가를 이룬 석학이다.

제출한 졸업논문을 읽은 다나카 미치타로가 철학자의 이름을 일절 인용하지 않을 걸 보고 '심경 소설'이라고 평했다.

연구자는 다른 연구자의 문헌을 읽고 자신의 논문에 인용하지 않으면 안 된다. 지금 이 주제에 관해서는 어떤 연구가 이루어지고 있고, 이 연구자는 이런 걸 저 연구자는 저런 걸 논하고 있으며, 자신은 그 어느 것도 아닌 이러한 견해라고 정리를 해야만 한다.

수많은 문헌을 인용한 책이나 논문을 보면 동업의 연구자들에게 이만큼 연구했다고 과시하는 듯 보이기도 한다. 단 책이나 논문을 인용하면서 절묘하게 정리를 잘하는 연구자는 많거니와 그걸 할 수 없으면 연구자가 될 수 없다.

하지만 일반 독자가 읽기에 그런 종류의 책은 그리 재미있지 않다. 물론 연구할 때 필요한 정보만 실려 있으면 그만이라서 굳이 재미있을 필요는 없겠지만 말이다. 도리어 연구자로서 그런 책이 있는 건 고마운 일이다.

독자의 입장으로 말하자면, 여러 학설이 하나로 정리되어 있고, 여기에 이러이러한 의견이 연구자들 사이에서 문제가 되고 있으며 아직 합의에 이르지 못했다는 사실만 알아도 충분하다. 그런데 여러 학설을 소개해놓고 설명한 당사자가 자신은 어떻게 해석했는지를 분명하게 밝히지 않고 글을 쓸 때가 있다. 그럴 때는 본인의 이야기를 듣고 싶어진다. 다른 사람들의 뒷이야기를 잔뜩 들어봤자 별 의미가 없다.

연구 논문에는 보통 '나'를 주어로 쓰지 않는다. 그런데 학창 시절 동료 연구원 중 한 명이 '나'를 주어로 하여 논문을 쓰는 걸 보고 놀란 적이 있다. '우리'라거나 '우리들'이라고 하면 또 그건 그것대로 위화감이 든다.

나를 주어로 하지 않는다는 건 자신의 주장에 책임을 지지 않는다는 뜻이기 때문이다. 한편 독자 입장에서는 '우리'라고 쓰면 당신 멋대로 당신 생각에 찬성하는 사람으로 만들지 말라고 말하고 싶어지는 것이 문제다.

연구를 요약한 것이 아니라 저자가 무엇을 말하고 싶은지를 알고 싶은 것이다. 독자를 멋대로 자기 편으로 끌어들여서는 안 된다.

걸으면서
읽어도 될까

어떤 자세로 책을 읽어야 하는지는 딱히 정해진
것이 없다. 뒹굴뒹굴하며 읽는 것이 가장 편하겠지만, 읽는
동안 잠이 든다는 난점이 있다. 물론 책을 읽다가 잠든다는
것은 행복의 극치라고도 할 수 있다. 어린 시절 부모가 책을
읽어주는 소리를 들으며 잠자리에 들었던 아이는 어느새 잠
에 빠져들었을 것이다.

잠이 오지 않을 때, 책을 읽으면 잠이 더 오지 않는다고
그냥 누운 채로 몸을 뒤척이며 밤을 지새울 바에야 책을 읽
는 편이 나을지도 모른다. 잠이 오지 않으면 계속 읽으면 되

니 말이다. 책을 읽는 사이에 잠이 오면 횡재라고 생각하자.

걸으면서 읽는 것도 불가능하지만은 않다. 치매에 걸린 아버지를 시설에 모셨을 때, 거기까지 가려면 가장 가까운 역에서 내려서 걸어서 30분쯤 되었다. 도중에 볼거리가 없어서인지 사람들이 거의 지나다니지 않았는데 그 시간을 어떻게든 즐겁게 보내고 싶었다.

책을 읽으며 걸으면 좋았겠지만, 걷는다고 해서 위험하지 않은 건 아니어서 단카집을 읽기로 했다. 읽으면서 걸었다기보다는 잠시 멈춰서서 한 구절을 읽고 그걸 외우자마자 바로 책을 덮고 다시 걸었다.

단카는 외우면 그걸로 끝이 아니다. 지은이의 심정을 상상하기 시작하면 단카 하나가 소설 한 권만큼이나 다양한 상념을 불러일으킨다.

입원했을 때도 책을 읽는 대신 단카를 지은 적이 있다. 아버지에게 가는 길에도 직접 지었으면 좋았을 것. 나로서는 생각지도 못한 내용이 담긴 다른 사람의 단카는 촉매제가 되어 내 창작욕을 자극했다.

짧은 말로 응축된 단카의 의미를 곱씹으며 걷다 보면 어느새 아버지가 계신 시설에 도착하곤 했다.

책 읽기에
최적의 장소

'삼상(三上)'이란 말이 있다. 문장을 다듬는 데 최적의 장소라는 뜻으로 책을 읽을 때에도 해당될 것이다. 마상(馬上), 침상(枕上), 측상(廁上)이다.

마상은 지금이라면 지하철 안이 될 것이다. 집에 있으면 의외로 책을 읽을 수가 없다. 출퇴근이나 등하교를 할 때 책을 읽을 수 있는 까닭은, 책 읽는 것 말고는 특별히 할 일이 없기 때문이다. 집에 있으면 책보다 더 재미있는 것에 정신이 팔려 책 읽을 시간이 없을지도 모른다.

물론 만원 전철 안에서 책을 읽기는 어렵겠지만, 그래서 더욱 읽고 싶어진다. 책을 읽지 않고 가만히 있으면 좀이 쑤시니 전자책을 읽거나, 단카집이나 시집처럼 페이지를 크게 넘길 필요가 없는 책을 고른다.

옛날에는 신문을 조그맣게 접어서 읽는 사람도 자주 보곤 했는데, 이제는 스마트폰과 태블릿이 있다. 그래서인지 요즘에는 전철 안에서 책이나 신문을 보는 사람이 많지 않은 듯하다.

출퇴근이나 등하교를 위해 매일 전철을 타고 다닐 때 책을 읽는 것은, 갈 때 한 번, 올 때 한 번이니 그리 많이 읽었다고는 할 수 없지만 한 달, 반년, 1년 계속해서 읽으면 제법 많은 책을 볼 수 있다.

침상이란 잠자리, 측상은 화장실 안을 말한다. 가토 슈이치는 화장실 안에 프랑스 소설가 앙드레 지드의 일기를 놔두었다고 한다. 책 읽기에 최적의 장소라고 할 수 있겠다. 책을 읽을 때도 문장을 다듬을 때도 이 세 장소라면 집중할 수 있다.

다만 여기서 문장을 다듬는다는 것은 앞으로 쓰려는 내용을 머릿속으로 구상하여 나열한다는 뜻이다. 그런데 그 과정에서 문득 생각이 떠올라도 바로 적어두지 않으면 그대로 잊어버리게 된다. 행여나 잠이라도 들면 떠오른 생각은 허공 속으로 산산이 흩어져버린다. 마상이나 측상에 있을 때도, 그러니까 책상 앞에 있지 않을 때도 생각난 걸 바로 적어야 하는데 그게 그리 간단하지가 않다. 그러면 어떻게 해야 할까? 그건 나중에 다시 말하겠다.

책과 노트북만 있으면
어디나 서재

　책 읽는 장소로 서재를 떠올리는 사람이 많을 것이다. 과연 서재는 책을 읽거나 글을 쓰는 데 적합한 장소일까? 삼상이 독서에도 적합하다면, 서재가 필요하기는커녕 서재에서 나와야 책을 읽고 구상을 하고 글도 쓸 수 있을 것이다.

　지금 내 서재는 조금 넓은 편인데, 때때로 그 안을 서성이곤 한다. 걷다 보면 문득 떠오르는 게 있기 때문이다. 그런 이유라면 밖으로 나가는 편이 좋을 것이다. 그러기에 내 서재는 너무 좁으니까 말이다.

오랫동안 넓은 서재가 필요하다고 생각했지만 좀처럼 그 꿈을 이루지 못했다. 그러다 몇 년 전, 작업실을 얻어서 그 전보다 넓은 장소에 책장과 큼직한 테이블을 두게 되었다.

넓은 서재가 있었으면 좋겠다고 생각한 것은 책을 둘 만한 장소가 마땅치 않아서였다. 하지만 책을 두기 위해서라면 서고여도 상관은 없다. 서재만 고집하지는 않는다.

실제로 나는 원고를 쓰기 위해 필요한 책을 서재로부터 가져와 주방 식탁에서 읽거나 원고를 쓰거나 한다. 심지어 서재보다 주방에서 일하는 편이 낫다고 생각한다. 혼자서 방에 틀어박혀 일하는 것보다 가족이 있는 곳에서 이야기를 나누며 일하는 게 좋기 때문이다.

문제는 식탁에 컴퓨터뿐 아니라 책까지 가져오면 금세 식탁 위가 어수선해져서 상을 차릴 때마다 치우지 않으면 안 된다는 점이다. 이 문제만 해결되면 특별히 서재는 필요치 않다.

서재라면 책도 컴퓨터도 늘 펼쳐놓은 채로 둘 수 있어 바로 일에 착수할 수가 있다. 컴퓨터도 매번 끄지 않고 슬립모드로 둔다. 하지만 '여기에서만 일할 수 있는' 상태보다는 어디에서든 일하고 싶고 변화를 좋아하는 성향상 노트북을 더 선호한다.

카페에서 원고를 쓸 때도 적지 않다. 문제는 음악이 나오고 시끄럽다는 점인데, 그런 데서는 집에서라면 바로 일을 접을 상황이더라도 열심히 하게 된다. 전철 안에서 책을 읽을 때처럼 일정 시간을 계속 앉아 있기 때문이다.

늘어만 가는 책에 대한 고민

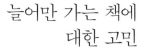

책을 쌓아두는 것의 이점은 책이 늘 눈앞에 보여 그 존재를 잊을 수 없다는 것이다.

나는 책이 눈에 보이지 않으면 사놓고도 잊어버린다. 앞에서도 말했지만, 전자책은 데이터라서 공간을 차지하지 않고 작은 단말기에 저장되어 있으니 편리하지만 눈에 당장 보이질 않으니 어떤 책을 샀는지 종종 잊어버린다.

종이책이어도 이미 갖고 있는 것을 다시 사는 실수를 몇 번인가 한 적 있다. 그때마다 힘이 축 처지는데, 늘 눈에 보이는 곳에 있으면 같은 책을 또 사는 실수는 하지 않을 것이다.

다만 서재는 공간의 한계가 있다 보니 책장 안쪽에 책을 꽂아두면 무슨 책이 있는지 보이지가 않아서 머지않아 산 것을 잊어버리거나 어느 책장에 꽂아놨는지 몰라 필요한 책을 바로 꺼내지 못한다.

수중에 아무 자료가 없는 상태에서는 원고를 쓸 수가 없다. 여러 책을 참조하지 않으면 안 되기 때문이다. 필요에 따라 새로 읽어야 하는 책도 많다. 플라톤을 번역할 때는 한 줄을 번역하려고 많은 책을 읽었다. 학창 시절, 그리스어 책을 읽을 때 원문 외에 각국의 번역서와 주석서, 연구서를 참조해야 했던 것과 똑같다.

그리스어 책을 읽거나 논문을 쓸 때는 하루를 마무리할 즈음이면 여러 책이 책장 밖으로 나와 있는 상태가 된다.

내가 가르침을 받았던 선생님 중 한 분은 그걸 다시 책장에 꽂으셨는데, 나는 그게 잘 안 되어 책이 출간되면 그제야 정리할 엄두가 난다. 책을 출간하고 나면 참조한 책을 전부 팔아치우는 사람도 있다고 들었는데, 나는 그럴 수가 없어서 책이 늘면 늘었지 줄어든 적은 없다. 늘어가는 책을 어떻게 할지가 항상 고민이다.

나만의 질서를
찾아라

우메사오 다다오는 정리와 정돈을 구분했다(《지적 생산의 기술》). 바닥에 널브러져 있는 책을 치울 때, 내용과 관계없이 크기만 같은 책을 모아서 책장에 꽂으면 그건 정리가 아니라 정돈이다.

반면에 다른 사람에게는 보이지 않는 질서가 있어서 그냥 보기에는 정신없어 보여도 필요한 책을 바로 꺼낼 수 있으면 그건 정리되어 있는 것이다.

미키 기요시는 집에 처음 온 가정부에게 자신의 서재 청소를 맡기면 어떻게 될지 글로 남겼다.

> 그녀는 책상 위나 그 주변에 어질러진 책과 서류와 문구들을 깔끔하게 정돈해놓을 것이다. 그리고 만족한다. 그런데 막상 내가 책상에 앉아서 일을 하려고 하면 뭔가 정리되지 않은 느낌, 안정적이지 않은 느낌이라서 한 시간도 채 되지 않아 기껏 깔끔하게 정돈된 것을 뒤집어엎어 원래대로 어질러놓을 것이다.
>
> ─《인생론 노트》

미키는 이것을 질서가 무엇인지 보여주는 아주 단순한 예라고 말했다. 난해한《인생론 노트》중에 쉽게 이해할 수 있는 내용이라서 인상적이다. 미키 자신의 경험담일 것이다.

> 겉보기에 깔끔하게 정리되어 있다고 해서 반드시 질서가 있는 것은 아니다. 언뜻 보기에 무질서해 보이는 곳에 도리어 질서가 존재한다.
>
> ─《인생론 노트》

얼핏 보기에 무질서하고 정돈되어 있지 않아 보이는 것이 어떻게 정리될 수 있느냐 하면, 질서를 만드는 것은 외면적 틀이 아니라 '마음'이기 때문이다.

어떤 외적 질서도 마음의 질서에 합치되지 않는 한 진
정한 질서가 아니다. 마음의 질서를 도외시하고 어찌어
찌 외면의 질서를 정돈한다고 해봤자 공허할 뿐이다.

—《인생론 노트》

서재가 너무 깔끔한 건 공부를 하지 않았다는 증거라고
도 할 수 있다. 책을 꺼내 읽고 다시 치우는(혹은 치우지 않은
채로 두는) 것을 여러 번 반복하면서 공부를 계속하면 외면
이 아닌 마음이 만들어낸 질서가 형성되는 것이다.

다만 미키는 단순히 서재에 관해 말한 것이 아닐 것이다.
미키가 살았던 시대든 요즘 시대든 외부의 질서를 중요하게
여기는 사람이 많을 것이다. 그런 의미에서 도덕도 질서도
외부에서 주어진 것이라고 나는 생각한다.

질서는 위에서 강요하거나 틀에 끼워 맞추는 것이 아니다.
또한 잘라내거나 깎아낸다고 해서 생기는 것이 아니다. 틀
에 억지로 끼워 맞추려고 다른 의견을 배제한다면, 이는 내
용과 관계없이 크기만 같은 책을 모아서 책장에 꽂는 것이
나 다름없다.

교과서 속 지식만으로
부족할 때

가토 슈이치는 교과서를 가리켜 여러 번 정독하는 책이라고 말했다.

시험을 위해서라면 교과서를 여러 번 읽는 것이 도움될 것이다. 학창 시절에는 그런 방식으로 공부했다. 나라여자대학에서 시간강사로 근무하던 시절에는 학생들을 가르치기 위해 그리스어 교재를 여러 번 반복해서 읽었다. 학생들도 읽기를 게을리하지 않아서 다시 앞으로 돌아가 문법을 설명해야 할 때 몇 페이지에 있다고 내게 알려주기도 했다.

이렇게 교과서는 여러 번 읽고 외울 필요가 있어서 가능한 한 간결하게 집필하는 것이 바람직하다. 한 가지 문제가 있다면 교과서는 재미가 없다는 것이다. 교과서에 재미를 바라는 것이 잘못인지도 모르지만, 교과서만 보면 좀처럼 공부할 의욕이 생기질 않는다.

고등학생 때, 세계사 선생님의 경우 수업을 아주 자세히 하셔서 매 수업 배포되는 프린트를 읽는 것만도 보통 일이 아니었다. 그럼에도 나는 여전히 성에 차지 않아서 교과서와 별도로 역사책을 따로 읽었다.

중학생 때는 집이 가난한 줄 알고 상급 학교는 지역의 공립고등학교에 진학할 작정이었다. 하지만 수업료가 면제될지도 모른다는 말에 솔깃해서 교토 시내에 있는 고등학교에 진학하기로 결정했다. 증기기관차로 통학했는데, 단선이라 역마다 지나가는 열차를 기다려야 해서 편도 한 시간은 기차 안에서 보내야만 했다.

학교를 오가는 동안에 많은 책을 읽었으나 방학 때면 독서량이 줄어들었다. 다른 데서도 말했지만, 독서 외에 다른 것도 할 수 있는 환경이라서 책을 읽는 대신 다른 더 재미있는 걸 했기 때문이다.

당시 내 한 달 용돈은 천 엔이었다. 매일 아침 일찍 나가서 저녁에 돌아왔기 때문에 돈을 쓸 시간이 없었으나, 매월

발매되는 주오코론사의 《세계의 역사(界の歷史)》는 꼭 사서 읽었다. 한 권에 500엔이었으니, 매달 용돈의 절반을 이 책에 쓴 셈이다.

이렇게 공부한 것이 잘한 일인지는 잘 모르겠다. 다만 뭔가를 새로 배울 때는 교과서를 숙독하는 것은 기본이지만, 교과서보다 훨씬 두꺼운 책을 읽고 나서, 교과서에는 짤막하게 나와 있는 내용일지라도 그 이면에 더 알아야 할 배경지식이 많다는 것을 알게 되었다. 역사는 교과서에 나온 개략적인 내용 이상이라는 것을 알게 된 것 같다.

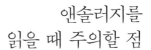

누군가의 책에서 주제별로 문장이나 표현을 엄선한 책은 작가와 사상가의 생각을 쉽게 알고 싶을 때는 유용할지 모른다. 하지만 이런 책을 읽을 때는 몇 가지 주의할 점이 있다.

편저자가 자신의 주관대로 정리했기 때문에 저자의 진의를 전하지 못할 수도 있다는 것이 그 첫 번째다. 나도 아들러의 앤솔러지를 몇 권인가 냈는데, 어디까지나 내 관점에서 중요하다고 생각되는 아들러의 말을 추려냈으니 내 주관이 짙게 반영되었음은 부정할 수 없는 사실이다. 당연히 다른 사람이 편저하면 전혀 다른 책이 나올 것이다.

또한 문맥 속에서 이해해야 하거나 그럴 수밖에 없는 말의 경우, 문맥에서 떼어놓으면 본래의 의도가 전해지지 않을 수 있다. 편저자로서는 되도록 어떤 문맥에서 나온 말인지 명확히 밝히려고 하지만, 개중에는 문맥을 고려하지 않고 책을 엮는 사람도 있는 게 사실이다. 따라서 앤솔러지를 읽을 때는 주의가 필요하다.

설령 편저자가 만전의 주의를 기울여 앤솔러지를 냈다고 해도, 독자가 자신의 뜻에 맞게, 예를 들어 자신의 인생을 긍정하는 유리한 말만 골라서 읽을 수도 있다.

로마제국의 16대 황제이자 스토아학파의 철학자이기도 한 마르쿠스 아우렐리우스가 남긴 《명상록》의 경우는 본인을 위해 쓴 글이라서 의미를 해석하기가 어려운 부분이 있다. 전문을 주제별로 정렬해 정리하면 마르쿠스가 말하고자 하는 바가 명확해질 것이다.

그걸 누군가가 해주길 기다리지 말고 직접 해보는 것도 재미있을지 모르겠다.

책의 핵심을
놓치지 않으려면

　단지 재미가 있어서 책을 읽는 것도 좋지만, 책의 중요한 핵심을 놓치지 않고 제대로 읽어야 할 때가 있다.

　저자는 시간을 들여 정성껏 글을 쓴다. 따라서 중요하지 않은 구절은 없다고 해도 과언이 아니다. 오랜 시간을 들여 읽어도 '나무만 보고 숲을 보지 못하는' 상황을 피하기 위해서는 어떻게 하면 좋을까?

　앞서 소개한 우메사오 다다오의 분류에 따르자면 추종적 독서가 아닌 비판적 독서, 다시 말해 저자의 생각을 무턱대고 그대로 받아들이기보다는 정말로 그런지 따져가면서 읽는 것이 중요하다. 다만 비판하기 이전에 저자가 이 책에서 말하고자 하는 것이 무엇인지 이해하는 것이 우선이다.

그러기 위해 나는 '머리말'과 '맺음말'을 주의 깊게 읽으려고 한다. 책을 써본 경험에서 말하자면, 머리말은 마지막에 쓸 때가 많아서 책에서 무엇을 이야기하려고 하는지(마지막에 쓸 때에는 무슨 이야기를 하고 싶었는지가 될 텐데)를 정리한다.

맺음말은 탈고한 후 다 쓴 원고와 조금 거리를 두고 힘을 빼고 쓰는데, 역시나 거기에도 이 책에서 어떤 이야기를 했는지를 적는다.

서평을 참고하는 경우도 있다. 신뢰할 수 있는 서평이라는 조건이 붙지만 말이다.

책을 읽기 전이라면, 서평을 읽은 후에 내용을 대충 짐작하면서 읽으면 독단적 해석을 하지 않게 될지도 모른다. 하지만 고전을 읽을 때는 연구서와 논문을 참고하면 다른 사람의 뒷이야기만 듣는 기분이 들 수도 있으니 스스로 생각하며 읽는 것이 중요하다고 하겠다. 그런 의미에서 서평과 해설서는 나중에 읽는 편이 좋을지도 모른다.

5장

독서와 외국어 공부

영어만 외국어인
것은 아니다

많은 사람이 처음으로 배우는 외국어는 대부분 영어다. 그래서인지 외국어라고 하면 영어를 떠올리고 영어 외에 다른 언어를 배울 생각을 하는 사람은 많지 않아 보인다.

하지만 영어 말고도 다른 외국어를 배우면 영어밖에 몰랐을 때보다 세상을 보는 눈이 확실히 넓어진다.

영어만 해도 고생만 하고 좀처럼 마스터하지 못하는 사람이 많은데, 다른 언어가 영어보다 어려운가 하면 꼭 그렇지도 않다. 영어를 먼저 공부해서 익숙해진 것일 뿐 실제로 영어는 쉬운 언어가 아니다.

영어는 명사와 동사의 활용이 그리 복잡하지도 않고 격변화(格變化)도 없지만, 문장의 어순에 의존하고, 기껏 문법을 배워도 예외가 많은데다 외워야 하는 어휘가 많아서 습득하기가 쉽지 않다. 물론 다른 언어라고 해서 쉬운 것은 아니지만, 오래 배웠는데도 좀처럼 읽지 못한다고 해서 본인 탓으로만 돌릴 것은 아니다.

요즘은 인터넷을 통해 영어와 다른 언어의 원어민 발음을 듣는 일이 쉬워졌지만, 내가 영어를 공부하기 시작했을 무렵에는 내가 시골에 살기도 했지만 영어를 들을 기회가 거의 없었다. 학교에서 배우는 것 말고도 라디오 영어 방송을 들으면서 공부했는데, 영어를 좀 할 수 있게 되자 실제로 써보고 싶었다.

그 무렵 살던 집이 관광지에 있어서 해외 관광객을 많이 볼 수 있었다. 나는 그들과 말을 해보기로 했다.

말이라고 해봤자 "어디에서 왔어요?" 정도밖에 못했지만, 그로 인해 세상에는 여러 나라가 있다는 것과 외국어가 영어만 있는 것은 아니라는 사실을 알게 되었다.

이는 중학교 1학년 때의 일로, 다음 해에 내 관심은 영어에 머물지 않고 독일어와 프랑스어로 확대되었다.

중학생 때 수학여행을 도쿄로 갔다. 도쿄타워에 올라갔을 때도 관광객에게 영어로 말을 걸었다. 말레이시아에서 왔다는 사람과 이야기를 주고받을 때에도 영어를 사용했는데, 나에게도 그에게도 영어는 외국어였다. 그와 내가 공통적으로 아는 언어라고는 영어밖에 없어서 영어로 대화를 나눴지만, 그때 나는 내가 말레이시아어를 할 줄 알면 좋았을 텐데 하고 생각했다.

　영어는 많은 사람이 배워서인지 영어를 알면 이렇게 여러 나라 사람과 말을 할 수가 있다. 하지만 영어만이 언어는 아니지 않은가. 나는 영어 이외의 말도 배우고 싶어졌다.

나는 책을 읽기 위해
외국어를 배운다

외국어를 배우는 목적 중 하나는 그것을 활용해 커뮤니케이션을 하려는 것이다. 나도 영어로 커뮤니케이션을 할 수 있어서 기뻤다.

중학생이 되어 영어를 배우기 시작했을 때 휴 로프팅 (Hugh John Lofting)●의 '둘리틀 박사' 시리즈를 읽고 동물과 대화하는 환상을 품었다.

물론 실제로는 동물과 대화를 나눌 방법이 없었으니 이

●　1886~1947년. 영국의 아동 문학가이자 그림책 작가.

환상은 깨졌으나 말해보고 싶다는 마음은 있었다. 결혼하고 나서 동물학자인 콘라트 로렌츠(Konrad Lorenz)*의《솔로몬의 반지》에 매료되어 개와 살게 되었는데, 거슬러 올라가면 둘리틀 박사 때부터 동물과 함께 사는 것을 꿈꿨다고 할 수 있겠다. 솔로몬은 반지를 통해 동물과 대화를 나눴다는 전설의 이스라엘 왕이다.

하지만 커뮤니케이션을 하는 것이 언어를 배우는 목적의 전부는 아니다. 해외 관광객들과 말할 수 있어서 기쁜 나머지 본격적으로 영어 공부를 하게 된 것은 사실이다. 그래도 그건 하나의 목적에 지나지 않는다.

영어를 못한다고 해서 못 사는 건 아니다. 학업을 마치고 나서 쭉 영어를 쓰지 않아도 사는 데 지장은 없다. 그렇다고 영어를 배울 필요가 없느냐고 한다면 그건 아닐 것이다. 영어가 아닌 다른 언어라면 실생활에서 쓸 일이 더욱 적을 테니까.

하지만 책을 읽기 위해서라도 외국어를 배우면 좋지 않을까. 물론 책을 읽을 때는 발음까지 배울 필요는 없지만, 책을 읽는 동안에 조금씩 발음도 할 수 있게 되면 좋을 것 같다.

● 1903~1989년. 오스트리아의 동물심리학자. 1973년 노벨 생리·의학상을 수상했다.

중국어를 배우기 시작했을 때, 발음이 어려우니 먼저 문법을 배우고 필담을 하라고 권하는 책을 읽은 적이 있다. 필담은 커뮤니케이션을 위해서 하는 것인데, 중학교나 고등학교에서 배우는 중국어는 발음은 뒷전이라기보다는 발음을 익히지 않고 배우는 한문이다. 단 한문이라고 해도 구두점이나 주석이 전혀 달려 있지 않은 순수한 백문(白文)을 읽는 게 아니라 레(レ)표시를 보고 일본어 어순에 맞춰 읽는 것(고전 중국어인 한문은 문법체계(어순)가 일본어와 다르기 때문에 일본인이 읽을 수 있게 순서를 매기는 기호인 レ표시를 붙인다_옮긴이)이지만 말이다.

한국어는 처음에는 독학하다가 선생님을 모셔 배우게 되었다. 발음을 다시 배워야 한다고 생각했으나 한국인 중에도 사투리를 쓰는 사람이 있다며 발음을 수정하지 않아도 된다고 해서서 고마웠다. 일본어에 없는 발음이 있어서 한국인처럼 말하기란 애초부터 무리라면 무리였다.

영어에 대해서 다시 말하자면, 미국식 영어를 고집할 필요가 없다. 대학원에 다닐 때 어학원에서 영어 공부를 한 적이 있는데, 여러 나라 사람이 영어로 말하는 수업이 있었다. 국가를 초월하여 쓰이는 언어라면 각 나라 사람에 따라 다르게 발음하는 것이 당연할 것이다.

어느 날, 그 반에 교토대학 교수가 들어왔다. 그 선생은 읽고 쓰는 것에 있어서는 실력이 완벽했다. 그런데 막상 말하는 것을 들어보니 중학생 수준이었다. 매우 초보적인 실수를 하는 것에 놀라지 않을 수 없었다. 물론 문법에 대해 잘 알아도 말을 하게 되면 실수를 하게 되는 법이다.

자신의 전문 분야에서는 영어로 된 책도 읽고 논문을 쓰기도 할 테니 간단한 회화도 하지 못하는 것에 놀랐지만, 만약에 읽고 쓰기와 말하기 중 어느 하나를 고르라고 한다면, 나라면 틀림없이 읽고 쓰기를 택할 것이다.

회화만 하지 않아도 마음 편하겠다고 생각하는 사람도 있을 것이다. 다른 사람과 말하는 것은 외국어여서가 아니라 모국어로도 쉽지 않기 때문이다.

서울에서 강연했을 때의 일이다. 전 세계에서 초빙된 연사들이 리셉션에서 한자리에 모였는데, 한 고명한 일본의 대학 교수와 같은 자리에 앉게 되었다. 나보다 연배 높은 선생님으로 그 자리에서 영어를 일절 말하지 않는 것이 인상적이었다. 영어를 하지 않아서 좋았다기보다는 영어를 하지 않고도 당당한 모습이 좋아 보였다. 영어(혹은 다른 언어)를 못한다고 해서 그것이 인간의 가치를 정하지는 않는다.

고등학생 시절에 윤리사회 선생님이 어느 날 "일본인은 영어로 말을 잘 못하지만 읽거나 쓸 수는 있지"라고 말했던 것을 똑똑히 기억한다. 선생님은 교토제국대학에서 니시다 기타로에게 철학을 배운 사람으로, 수업 중 교과서에 중요한 용어가 나오면 영어는 물론이고 가능한 한 프랑스어, 독일어, 라틴어, 그리스어까지 칠판에 써가며 설명해주셨다. 수험 생각밖에 없었던 학우들에게는 쓸데없는 설명으로 보였을지 모른다.

그건 그렇고, 평소에는 말을 빨리 하지 않던 사람이 영어로 말하면 갑자기 빠른 어조에 몸짓도 격해지는 것을 본 적 있다. 스즈키 다이세쓰(鈴木大拙)●는 영어를 천천히 말했다고 한다. 스즈키의 이야기를 듣고 싶은 사람은 그의 말에 차분히 귀를 기울였을 것이다.

여기까지는 외국어를 배울 때 소리 내어 읽으라고 강조하지 않았으나, 외국어를 배우는 목적이 커뮤니케이션에만 있는 것은 아니라는 이야기를 한 것일 뿐 외국어를 배울 때는 소리 내어 문장을 읽는 것이 필요하다.

트로이의 유적을 발굴한 하인리히 슐리만(Heinrich Schliemann)●●은 여러 언어를 습득했다. 그의 언어 학습법은

●   1870~1966년. 일본의 불교학자이자 사학자.

소리 내어 읽는 것으로, 얼마나 큰 소리로 읽었던지 이웃 사람들이 불만을 제기해 몇 번이나 이사를 해야 했다.

어떤 문장이 틀렸는지를 문법 지식에 의해서가 아니라 암송한 문장에 기초하여 알고 고칠 수 있었던 것이다.

문법은 시간을 들이면 배우고 쓸 수 있지만, 어법은 그렇지 않다. 문법적으로 다르지 않더라도 그런 표현을 하지 않을 때가 있다. 이것이 어법이다. 어법을 익히려면 시간이 걸리고, 발음과 마찬가지로 태어나면서부터 쭉 주변 사람들이 말하는 것을 들어야 한다. 그런 환경에서 자라면 어려운 일은 아니지만, 외국어로 말을 배우는 것은 쉬운 일이 아니다.

그렇게 되면 철학자 모리 아리마사가 지적했듯이 프랑스어는 프랑스인만이 할 수 있게 된다. 하지만 나는 그렇게 생각하지 않는다. 모국어로 배우고 쓰는 사람에게는 위화감이 느껴져도 외국인이 쓰는 말도 프랑스어라고 생각한다.

외국어 공부에만 해당되는 일은 아니지만, 공부하는 것을 고행이라고 생각하는 사람이 많은 것 같다. 수험 준비를 할 때 머리에 띠를 동여매고 이를 악물고 공부했다는 사람도

●● 1822~1890년. 독일의 사업가이자 아마추어 고고학자. 정통 고고학자는 아니어서 학자로 인정받지는 못했지만 전설로만 내려오던 트로이를 발굴한 공적으로 지금은 그리스 선사고고학의 시조로 평가받는다. 15개 국어에 능통했다고 한다.

있을지 모른다. 실제로는 공부할 때 머리띠를 동여매지 않겠지만, 중학교 입시에 임하는 초등학생들이 머리띠를 동여매고 인솔자인 학원 선생님을 따라 전철을 타는 것은 본 적 있다.

이 초등학생들은 공부는 다른 사람과의 경쟁에서 이기기 위한 것이고, 지망하는 학교에 합격하는 것이 장래의 성공으로 이어진다고 생각했을지 모른다. 나는 그 아이들을 보면서 배우는 기쁨을 아는 사람이 얼마나 될까 생각했다.

공부란 모르는 것을 배우는 것이라서 재미있지만은 않다. 그런 배우는 즐거움을 어른이 알지 못하니 아이들에게도 배우는 즐거움이나 기쁨을 알려줄 수 없고, 공부하기가 싫어지는 것이다.

다행히 지금은 더 이상 시험을 볼 필요가 없어서 책을 읽는 것도 외국어를 배우는 것도 누군가와 경쟁할 필요가 없다. 그저 즐겁게 공부하면 된다고 생각한다.

영어를 배우는 것만도 벅찬데 다른 언어를 배우는 게 쉽겠느냐고 생각하는 사람이 많을지도 모르지만, 적어도 다른 언어를 하나 더 배우면 두 말을 비교함으로써 배우는 기쁨을 알 수 있다.

자격증을 따기 위해 영어 공부를 하더라도 단어 하나하

나를 외우는 기쁨을 알면 시험 공부가 마냥 고통스럽지만은 않을 것이다.

좀 더 말을 보태면, 공부해서 뭔가를 이루어야 하는 것은 아니다. 시험에서 좋은 점수를 받으면 더할 나위 없이 좋겠지만, 결과를 내는 것이 공부의 목적은 아니다. 배우고 있는 그 순간순간이 행복한 것이다. 새로운 걸 배우는 기쁨을 느끼면서 공부를 하면, 어느 날 아주 멀리까지 온 것을 깨닫게 될 것이다.

사고 훈련법으로서의
외국어

《사고 훈련의 장으로서의 영문 해석(思考訓練の場としての英文解釈)》이라는 참고서로 영어 공부를 한 적이 있다.

어학에는 끝이 없지만, 이만큼 할 수 있으면 언어를 배웠다고 하는 최소한의 기준은 사전을 찾으면 책을 읽을 수 있는 수준이다. 사전을 찾기 위해서는 문법을 배워야 한다.

언어에 따라서 동사가 복잡하게 활용되기도 한다. 그런 언어는 동사의 원형을 알지 못하면 사전을 찾을 수가 없다. 물론 문법을 전부 알 수는 없지만, 시간이 걸리더라도 사전을 찾으면서 어떻게 해서든 책을 읽는 것이 첫 번째 목표가 된다.

그다음에는 많이 읽는 수밖에 없다. 경험상 2000쪽 정도 읽으면 어휘도 늘고 처음만큼 책을 읽는 데 시간이 걸리지 않는다. 다만 자신이 잘 아는 분야의 책이라면 읽기가 수월 하겠지만, 지금까지 별로 접해본 적 없는 분야의 책이라면 그렇지 않을 것이다.

《사고 훈련의 장으로서의 영문 해석》을 읽고 알게 된 것은, 이러한 사고력을 터득하는 것이 영어를 배우는 중요한 목적이라는 점이다.

문법을 알고 사전을 찾을 수 있어도 사고력이 없으면 어느 수준 이상의 영문은 읽을 수가 없다. 일본어로 쓰여 있다고 한들 사고력이 없으면 이해하지 못한다는 뜻이다.

내 책이 한국어로 번역된 이후로 한국에서 열리는 강연에 자주 초빙되었고, 그것을 계기로 한국어 공부를 시작했다. 선생님과 한국어 책을 읽을 때 종종 잘못 읽는 이유는 한국어 지식이 부족해서가 아니었다. 생각하는 힘이 부족해서였다. 적힌 내용을 깊이 이해하지 못하면 책을 읽을 수가 없다. 문법 지식은 나중에 기르면 된다고도 할 수 있다.

책에 나오는 모든 단어를 사전에서 찾아야 해서 시간은 걸릴지언정 내용을 이해하면 이런 이야기가 되겠지, 하고 이어서 나올 내용을 예상하면서 읽을 수 있다. 그게 가능해지면 오독하는 일도 줄어들 것이다.

학창 시절에 과외 선생을 한 적이 있다. 어느 해는 가르치던 고등학생이 영어 공부를 열심히 하지 않아서 성적이 별로 좋지 않았다. 하지만 장문(長文) 독해 문제를 잘했고, 특히 본문 내용에 맞는 것을 고르는 문제는 절대 틀리지 않았다.

그는 본문을 읽지 않았는데, 그것이 바람직한지 어쩐지와는 별개로 시험을 볼 때 공들여 본문을 읽으면 시간이 부족하다. 답안을 하나씩 읽어나가면서 이런 게 쓰여 있을 리가 없지 싶은 문장을 정답 후보에서 제외시켰다고 한다. 외국어를 배우고 익히는 데 필요한 것은 이런 능력이라고 생각했다.

배움은 나의 불완전함을
알아가는 과정

아들러는 '불완전한 용기'라는 말을 사용했다. 여기서 말하는 '불완전'이란 인격에 관한 것이 아니다. 새로 시작한 것에 관한 지식이나 기술을 가리키는 말이다.

처음부터 불가능하다 단정 짓고 도전하지 않는 사람에게는 상상도 못할 일이겠지만, 이때의 불완전함은 상당 부분 완전함에 가까워질 수 있다.

서구 쪽 언어는 젊은 시절부터 배워서인지 책도 읽을 수 있고 초보적인 실수도 거의 하지 않았다. 그런데 처음 배우는 한국어의 경우는 좀처럼 실력이 늘지 않았다. 한국어 지식이 부족해서도 사고력이 부족해서도 아니다. 또 다른 이유가 있다. 배우는 초창기에는 실수하는 게 당연한데, 그 사실을 받아들이지 못했다.

대학에서 고대 그리스어를 가르쳤을 때, 한 학생이 연습 문제에 있는 그리스어를 해석하려 하지 않고 입을 꾹 다문 적이 있다. 나는 그 학생에게 "방금 왜 대답하지 않았어요?"라고 물었다. 학생은 이렇게 대답했다.

"이 문제를 틀려서 선생님께 그리스어를 하지 못하는 학생으로 보이고 싶지 않았습니다."

고대 그리스어는 근대어와 다르게 어려워서 틀려도 당연하다고 생각했던 나는 학생의 대답을 듣고 놀랐다. 그런데 한국어를 배우기 시작한 나도 같은 생각을 했던 것이다.

처음에는 틀릴 수 있다. 계속 틀리면서 조금씩 지식과 실력을 쌓아가는 수밖에 없다. 선생의 입장으로 말하자면, 학생의 대답이 잘못됐으면 아직 이해하지 못했다는 걸 알 수 있다. 어쩌면 선생의 수업 방식이 좋지 않은 건지도 모른다. 어찌 되었든 학생이 대답하지 않으면 알 길이 없다.

그래서 나는 "대답이 틀려도 그리스어를 못하는 학생이라고 절대 생각하지 않겠습니다"라고 약속했다. 그러자 그 학생은 다음 강의부터 실수를 두려워하지 않고 대답했다. 실력도 점점 늘었다.

나이가 들어 새로운 도전을 하기가 어렵게 느껴지면, 예를 들어 어학 공부가 어렵게 느껴진다면 기억력이 감퇴해서가 아니다. 아무것도 하지 못하는 자신을 인정하고 싶지 않아서다.

지금까지 살면서 어떤 일을 오래 해왔던 사람이라면 어떤 영역에서는 자신이 우수하다고 생각했을 것이다. 하지만 새로운 일을 시작하면 당장 아무것도 하지 못하는 자신과 마주하게 된다.

무언가를 배울 때뿐 아니라 자신이 불완전하다는 걸 받아들일 수 있는 사람은, 자신의 가치를 이상적인 모습에서 점수를 하나하나씩 깎는 감점법이 아닌 현재를 0이라고 하고 점수를 하나하나 더하는 가산법으로 매길 수 있다. 나이가 들면서 이것도 저것도 하지 못하게 되었다고 해서 한탄하지도 않고, 자신의 가치를 뭔가 할 수 있는 것에서 찾지도 않는다.

더욱이 이제 다른 사람과의 경쟁할 필요가 없어서 새로운 단어를 하나라도 외울 수 있고, 몸을 조금이나마 자유롭게 움직이거나 헤엄칠 수 있게 되면 그것 자체가 기쁨이 된다. 그러면 인생은 더욱 풍요로워진다.

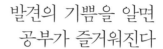

발견의 기쁨을 알면
공부가 즐거워진다

외국어 공부에만 해당되는 것은 아니지만 발전하거나 뭔가를 달성하는 것이 공부의 목적은 아니다. 시험에서 좋은 성적을 받는 것은 결과다. 하지만 그것이 목적이 되면 매일 하는 공부가 재미없게 느껴진다.

책을 읽을 때 모르는 단어가 있다면 바로 사전을 찾지 말고 전후의 맥락을 파악해 의미를 추측한다. 그 후에 사전을 찾아보고 추측한 의미가 맞다는 것을 알게 되면 기쁨을 느끼게 된다. 그러면 시험에서 좋은 성적을 받는 것과는 별개로 공부하는 지금 행복하다고 느낄 수 있다.

예문으로 인용된 문장이 마음에 깊이 남을 때도 있다. 좀 더 읽다 보면 그런 문장을 더 많이 발견하게 될 것이다. 그렇게 읽는 과정이 전부다. 사전을 찾지 않고 빠르게 읽을 수 있게 되는 것은 결과에 불과하다.

어떤 외국어를 배우든 처음에 즐거운 이유는, 그날 배운 것을 실제 대화하는 도중에 시도해보고 그것이 상대방에게 제대로 전해진 것을 알았을 때 기쁘기 때문이다.

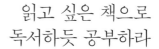

읽고 싶은 책으로
독서하듯 공부하라

외국어 책을 읽을 때는 처음에 문법을 배울 필요
가 있다. 시간이 걸리더라도 사전을 찾아서 읽을 수 있으면,
그 후에는 평소 읽는 책과 같은 책을 읽는 것도 공부하는
방법 중 하나다. 나는 공부하기 위해서라지만 초보자용 책
을 읽으면 흥미가 떨어져 재미를 느끼지 못한다.

초등학생 시절에 미나모토노 요시쓰네(源義経, 가마쿠라 막
부를 세운 미나모토노 요리토모의 이복동생으로, 형이 새 막부를 세
우는 데 큰 역할을 했으나 이후 사이가 틀어져 비극적 운명을 맞이했
다_옮긴이)의 전기를 읽은 적이 있다. 그 책에는 후리가나가

달려 있지 않았다. 후리가나가 달려 있으면 어떻게든 스스로 읽었을 테지만, 책에는 내가 읽지 못하는 한자가 너무 많았다.

그래서 어머니에게 후리가나를 달아달라고 부탁드렸다. 어머니는 귀찮아하지 않고 그날 내가 읽을 수 있는 데까지 후리가나를 달아주셨다.

어머니가 달아준 후리가나에 의지해 책을 읽자, 머지않아 그 책에 나온 한자를 전부 읽을 수 있게 되었다. 3분의 1을 읽을 무렵에는 어머니에게 후리가나를 달아달라고 부탁드릴 필요가 없어졌다.

내가 좀 무리해서 내 수준에 맞지 않는 활자가 작고 한자가 많은 책을 골랐다고 생각했지만, 사달라고 말씀드렸을 때 부모님이 거절하지 않으셔서 고마웠다.

외국어를 공부하게 되고 나서도 언제나 좀 무리해서 내 수준보다 높은 책을 택해 공부해왔다.

그리스어를 가르칠 때 내가 교과서로 쓰던 책에는 연습문제에 그리스 고전에서 인용한 글이 제법 많았다. 서구에서는 중학교와 고등학교에서 그리스어와 라틴어를 배우는데, 그중 우수한 성적을 거둔 학생이 대학에서 서양 고전문학과 철학을 배운다. 일본에서는 보통 대학에 들어가고 나서야 그리스어를 배운다. 이래서야 상대가 되지 않는 기분도 들지만, 어쨌거나 대학생 이후부터는 중학교에서 쓰는 영어 교과서 같은 교재로는 공부할 의욕이 나지 않는다.

중학생에게 그리스어와 라틴어를 가르친다면 예문 자체가 간단하게 나오는 교과서를 쓰는 것이 바람직할 것이다. '왕은 여왕에게 장미를 주었다'라는 문장을 조금씩 변용하면서 배우는 것이다.

가토 슈이치가 전철 안에서만 공부하기로 마음먹고 1년 만에 라틴어를 마스터했다고 글로 남겼다. 이때 가토가 사용한 교재는 한정된 단어를 반복해서 사용해 문법을 설명하고, 그 후에 연습 문제를 풀게 해놓았다(《독서만능》). 예문과 연습 문제에 나오는 단어도 책 뒤에 정리되어 있어서 사전을 찾을 필요도 없었다.

문법 설명을 읽는 데는 15분이 채 걸리지 않았지만, 그 후에 많은 연습 문제를 푸는 데는 시간이 걸리기도 해 만원 전철이라면 페이지를 거의 넘기지 않아도 되었다. 그렇게 해서 편도 한 시간 반이 걸리는 출퇴근 시간에 전철 안에서 라틴어 공부를 해 고전문학을 읽을 수 있게 되었다고 가토는 설명했다. 내 경험에 의하면, 연습 문제에 고전 인용이 되어 있는 교재여야 흥미를 느끼고 계속 공부할 수 있다.

짧은 문장, 그중에서도 의미를 바로 이해할 수 없는 것일지라도 암송할 가치가 있으면, 처음에는 거의 암호를 푸는 것 같아도 공부하는 것이 조금도 힘들지 않다.

내가 그리스어를 배우고 처음 읽은 책은《소크라테스의 변명》을 비롯한 플라톤의 대화편이었다. 당연하게도 플라톤은 이 책을 초보자를 염두에 두고 쓰지 않아서 처음에는 한 쪽을 읽는 데 열몇 시간이나 걸렸다. 하지만 플라톤이 쓴 것을 그리스어로 읽음으로써 플라톤과 직접 연결돼 있다고 생각하면 가슴이 설렜다.

그때 재미있게 읽었던 것이 생각나서 대학에서 그리스어를 가르칠 때는 교과서를 떼면 바로《소크라테스의 변명》을 읽었다. 학생들 모두 재미있다고 생각했는지는 모르겠지만, 교과서를 뗄 때까지 강의를 잘 따라온 학생은 그해가 끝날 때까지 강의에 빠지지 않았다.

선생님과 1 대 1로 한국어를 배우기 시작했을 때는 초보자용 참고서를 먼저 보았다. 하쿠수이사에서 나온《뉴익스프레스(ニューエクスプレス)》시리즈에는 온갖 언어 편이 망라되어 있어서 한국어는 처음에 이 책으로 공부했다.

문법이 자세히 정리되어 있지는 않았지만, 비교적 단기간에 개요를 파악할 수 있었다. 앞에서도 말했지만, 혼자서 외국어를 공부하면 어디까지 외워야 하는지 잘 몰라서 세부 내용까지 다 외우려다가 도중에 좌절하기도 한다. 그리스어를 가르칠 때는 학생들에게 여기는 중요하니 외워두라거나, 이건 중요하지만 지금은 이런 규칙이 있다는 것 정도만 알아두고 나중에 천천히 외워도 된다는 것 등을 알려주었다. 독학하면 어떤 걸 외워야 하고 어떤 걸 외우지 않아도 되는지 판단하기 어려운데,《뉴익스프레스》시리즈는 초보자에게 필요한 것이 최소한으로 정리되어 있어서 요령을 쉽게 파악할 수 있었다.

문법서로만 공부하면 초보자는 자잘한 부분까지 외우지 않으면 안 되어 차츰 의욕을 잃게 된다. 반면 스토리가 있어서 그와 관련된 문법을 배우면 공부를 계속할 수 있다.

중급용 책을 한 권 더 본 후에 읽었던 김연수의《청춘의 문장들》은 내 실력을 훨씬 뛰어넘어서 읽는 보람이 있었다.

예습에 막대한 시간이 들어서 그 시간을 보상해줄 만한 내용이 아니라면 모처럼 시간을 들이고도 손해를 본 기분이 들었을 텐데, 이 책에서는 배운 게 참 많았다.

어떤 말을 배우든 자신이 읽고 싶은 책을 고르면 머지않아 외국어를 읽는다기보다는 독서하는 기분이 든다.

영어 공부를 했을 때는 미국이나 영국 등 영어를 사용하는 나라에는 별로 관심이 없었다. 하지만 한국어를 공부할 때는 한국에 관심이 많아졌다. 그때까지 인생을 살며 서양 언어밖에 배우지 않아서 아시아 언어는 한국어가 처음이었다. 한국에 대해, 한국과 일본의 관계에 대해 잘 알지 못한 채로 살아온 것이 부끄럽게 느껴졌다.

원서를 읽으면
새로운 세계가 열린다

원서를 읽는 건 다채로운 세계를 엿보는 것과 같다. 그에 비해 번역서는 흑백 사진처럼 느껴진다. 사진의 경우 일부러 흑백으로 찍을 때도 있으니 어느 쪽이 더 나은지 우열을 가릴 수는 없겠지만, 찍은 사진이 컬러라면 흑백일 때는 보지 못했던 것을 볼 수 있다. 책의 경우도 원어로 읽었을 때 보이는 것이 분명 있다.

그런 의미에서 번역서를 읽고 원어로 읽고 싶은 책이 생기면 해당 언어를 배워도 좋다고 생각한다.

그 책의 전부가 아니라 일부분만이라도 원어로 읽으면, 나

머지 부분은 번역서로 읽어도 색이 넘쳐흐르는 세계를 엿본 경험이 있으니 나중에라도 기억을 떠올릴 수 있다.

같은 책을 각기 다른 번역서로 읽으면 같은 책이라고는 생각할 수 없을 때가 있다. 번역은 번역자의 해석이 들어가서 그저 말과 문체가 다른 것에 그치지 않고 다른 의미로 옮겨지기 때문이다. 그런 사정을 알고 나면 원문을 읽고 싶다고 생각하게 된다.

당장에 원문을 읽을 수 있는 것은 아니다. 하지만 앞에서도 말했듯이 고등학생일 때, 고작 한 시간짜리 수업이었으나 그리스어 발음을 익히고 나서 조금이나마 언어의 구조도 엿볼 수 있었다. 한 발 내딛어보려는 마음만 있으면 새로운 세계가 열린다.

효율을 따지면
책을 읽을 수 없다

간혹 영어만 배웠더라면 영어를 더 잘하게 되고, 자유자재로 말할 수 있게 되었을지도 모른다고 생각한다. 하지만 중학생 시절부터 독일어와 프랑스어에 관심이 있어서 공부를 시작했고, 그 후에도 고대 그리스어를 습득하는 데 엄청난 시간을 들였다. 외국어 공부만이 아니다. 독서에 관해서도 외국어에 이토록 시간을 들이지 않았더라면 더 많은 책을 읽었을지 모른다.

돌이켜보면 원서 한 쪽을 읽는 데 몇 시간이나 들인 탓에 책을 많이 읽지 못했다. 그러는 대신에 번역서를 읽었더라면 원서 한 권을 읽는 동안 다른 책을 더 많이 읽었을지도 모른다. 내 친구들은 어떤지 모르겠지만, 고전어는 근대어를 배울 때처럼 눈부시게 실력이 늘지 않는 듯하다. 내가 한국어 선생님과 만난 것은 선생님이 일본에 온 지 7년째 되는 해였는데, 선생님은 그때 이미 완벽한 일본어를 구사했다. 고전어로는 그렇게 될 수가 없다.

원어로 읽는다고 해서 책의 내용을 다 이해할 수 있는 것도 아니다. 그러니 많은 언어를 배워서 더 많은 책을 읽었을지도 모를 그 시간을 빼앗겼다기보다는 천천히 세밀하게 읽을 수 있었다는 점에 의미를 두고 싶다. 책을 볼 때 몇 쪽을 읽었는지는 의미가 없다고 말했듯이, 외국어를 배우는 것도 번역하는 것도 독서를 효율이라는 관점에서 보지 않았던 것이 도움이 되었다고 생각한다.

외국어 독학이
어렵기는 해도

선생님에게 배우는 것의 메리트는 앞에서도 잠깐 언급했듯이 외울 필요가 없는 부분은 선생님이 짚어준다는 점이다.

나는 대학에서 그리스어를 가르쳤는데, 교과서에는 온갖 것들이 들어 있지만 초보자는 그 내용을 전부 다 외울 필요도 없고 그럴 수도 없다. 기초 문법을 떼고 그리스어로 책을 읽을 때 필요한 것도 교과에서는 실려 있다.

독학을 하는 사람은 어느 걸 외우고 어느 걸 외우지 않아도 되는지 잘 모르기 때문에 세세한 것까지 전부 다 외우려고 하다가는 자칫 난항에 빠질 수 있다. "이건 나중에 천천히 외워도 돼"라고 선생님이 가르쳐주면 자세한 문법 규칙이 책에 나와 있어도 면학 의욕이 꺾이지 않는다.

교재에 실린 내용을 전부 공부해야 하는 건 맞다. 하지만 필요한 순간에 참조하면 되고, 반드시 외우지 않아도 되는 부분이 많다. 초보자는 그것을 판별하기가 불가능하니 선생님이 어떤 건 외워야 하고, 어떤 건 당장 외우지 않아도 되는지 가르쳐주면 그보다 감사한 일은 없다. 독학의 문제는 이런 지도를 받을 수 없다는 점이다.

하지만 지금은 이런 팁을 가르쳐주는 책도 많이 나와 있어서 꼭 학교에 가야지만 배울 수 있는 것은 아니다.

6장

지적 생산을 위한 독서

지식을
소유한다는 것

책을 읽고 거기서 끝내는 것이 아니라 그 지식을 남겨야 한다고 생각하는 사람이 많다. 나는 지식을 남기는 게 불가능하다고 생각하지만, 만약 그런 일이 가능하다면 어떻게 하면 좋을지 생각해보자.

책을 한 번 읽으면 결코 그 내용을 잊지 않는다는 심리학 선생님이 계셨다. 어떻게 그게 가능한지를 물었더니 누군가의 이야기를 들었을 때 잊어버리지 않는 것과 같다는 대답이 돌아왔다. 그게 대체 무슨 의미냐고 재차 물었더니, 상대에게 관심을 갖고 이야기를 들으면 상대가 무엇을 말했는지

잊을 수가 없지 않느냐며 책을 읽을 때도 똑같이 관심을 갖고 읽으면 그 내용을 잊을 수가 없다는 것이었다.

이는 앞서 소개한 김연수의 말을 빌리면 '심층적 독서'에 해당한다. 왜 여기에서 이 사람은 이런 행동을 하는지, 작가는 왜 이런 묘사를 하는지 생각하면서 책을 읽는 것. 누군가와 이야기를 나누거나 책을 읽을 때는 아무 생각 없이 듣거나 읽어서는 안 된다는 말이다.

한 번 읽은 책은 잊지 않는다고 했던 심리학 선생님은 또 카운슬링을 할 때 진료 기록부를 적어서는 안 된다고 말씀하셨다.

"자네, 설마 데이트할 때 공책을 꺼내들고 메모를 하진 않겠지? 헤어지고 나서도 그날 상대방이 한 말과 내가 한 말이 정확하게 기억날 거야. 상대방에게 관심이 있으니까."

선생님 말이 맞다고 생각했다. 그래서 카운슬링을 할 때 진료 기록부를 쓰지 않았더니 엄청난 일이 벌어졌다.

내가 카운슬링을 했던 병원에서는 많은 날에는 하루에 일곱 명이 카운슬링을 받으러 왔다. 병원이라 진료 기록부를 쓰지 않을 수는 없어서, 카운슬링 중에는 일절 하지 않는 대신 그날의 카운슬링을 모두 마치고 나서 한꺼번에 작성하려고 했다. 그런데 막상 쓰려고 하니 맨 처음 누가 왔는지도 기억나지 않았던 것이다.

책에 비유해 말하자면, 책 한 권 한 권은 기억할 수 있다. 하지만 책을 많이 읽으면 어떤 책을 읽었는지는 기억해도 어떤 내용이었는지, 책을 읽고 어떤 걸 느꼈는지를 기억하기란 어려운 법이다.

강의나 강연을 들을 때도 노트를 꺼내는 것이 보통이겠지만, 문제는 그렇게 하면 노트가 기억하는 셈이다.

나는 강연할 때 개요를 쓴 메모를 보면서 말한 적이 있는데, 개요에 의존하면 말이 잘 나오지 않는다. 차라리 아무것도 보지 않고 말하는 편이 누군가와 대화를 할 때처럼 힘을 빼고 말할 수 있어서 이어서 어떤 이야기를 할까 헤매거나 하지 않는다.

인간의 기억력이란 이런 특별한 경우가 아니면 쉽게 지워지지 않으니 그렇게 문자에 의존하지 않아도 된다.

나는 잡지 등의 취재를 받을 때가 많은데, 기자들 대부분이 보이스 레코더를 가져와서 인터뷰를 녹음한다. 나도 취재하러 온 사람이 보이스 레코더를 쓰지 않고 노트에 메모만 하면 조금 불안해지는데, 아마도 쓸데없는 걱정을 하는 것일 테다. 내 친구는 취재할 때 메모마저 하지 않고 찬찬히 이야기를 듣는다. 그래도 그가 쓴 기사는 완벽해서 언제나 놀라곤 한다.

예를 들어 지금 내가 손목시계를 차고 있지 않다면, 나는 그 시계를 '소지'하고 있지는 않지만 '소유'는 하고 있는 것이다. 실제로 차지 않아도 그 시계는 내 것이라는 의미다.

지식도 늘 소지하려고 하면 들은 걸 무조건 노트에 메모해야겠지만, 늘 그러지 않아도 된다. 소유하면 되는 것이다. 지식을 소지하려는 것은 시험 보기 직전까지 열심히 암기하려는 것과 같다. 하지만 그래봤자 시험을 볼 때면 거의 도움이 되지 않았던 경험이 많이들 있을 것이다. 지식을 소유한다는 것은 마침 필요한 책이 책장 어디에 있는지 기억하고 꺼낼 수 있다는 뜻이다.

밑줄 치는 습관이
있습니까

　책을 읽을 때 밑줄을 치는 사람이 많을 것이다. 밑줄을 치는 데는 여러 가지 이유가 있겠지만, 읽은 것을 기억하고 남기기 위함도 그중 하나일 것이다. 이것도 노트 필기와 비슷해서 아주 열심히, 앞서 말한 표현을 빌리면 책에 적힌 것을 '소지'하려는 것이다.

　기억하기 위해 밑줄을 치는 것이라면 아예 모든 문장에 줄을 치면 어떨까 싶은 생각도 든다. 줄을 치면 책 내용이 잘 기억되어 남을 것 같은 기분이 들기 때문이다. 다만 줄을 치는 것은 기억에 잘 남기기 위함인데 모든 글에 줄을 쳐서 책이 새빨개질 생각을 하면 오히려 역효과가 날 것 같기도 하다.

기억에 남기기 위해서가 아니라 나중에 필요할 때 참조하려고 그 부분에만 줄을 치거나 페이지를 접어놓으면 책이 새빨개질 일은 없을 것이다.

나는 책을 읽을 때 줄을 거의 치지 않는다. 줄을 치면 그때는 괜찮지만 시간이 흘러 다시 읽을 때 붉은 줄이 눈에 거슬리기 때문이다.

나중에 보고 거슬리게 된다는 문제를 해결하기 위해서는 지울 수 있는 연필을 사용하거나 전자책으로 읽으면 될 것이다. 후자라면 나중에 거슬리는 밑줄을 바로 지울 수 있다.

하지만 전에 친 줄이 흔적도 없이 사라지는 것도 생각해볼 문제다. 이건 컴퓨터로 원고를 쓸 때에도 생기는 문제다. 사색의 이력이 남는다는 것은 새로운 사상의 자극이 되기 때문이다.

로마자나 한글로 된 책은 얼핏 보면 뭐가 쓰여 있는지 알지 못하니 밑줄을 치면 편리하겠다고 생각한 적이 있다. 하지만 이것은 습관의 문제로, 외국어에 익숙해지면 어디에 무엇이 쓰여 있는지 차츰 눈에 들어온다.

지적 생산을 위한
메모의 기술

우메사오 다다오가 《지적 생산의 기술》에서 말한 B6판 크기의 카드를 컴퓨터에서 작성할 수 있는 시대가 되었다. 카드 한 장에 하나씩만 쓰는 것이 요령으로, 노트에 필사하듯이 많이 적지 않는다. 표제와 문장, 필요하면 날짜를 적어놓는다.

예를 늘어, '미래의 실재를 믿지 않으면 기도하는 것은 무의미하다'라는 문장이 떠올랐으면 요새는 바로 컴퓨터상에 기입한다.

카드를 쓰는 건 잊어버리기 위해서라고 우메사오는 말했

다. 생각난 걸 적어두지 않으면 잊어버릴까 걱정이지만, 카드에 쓰면 안심하고 잊어버릴 수 있다.

우메사오 다다오의 《지적 생산의 기술》은 가나타입 라이터(로마자가 아니라 가타카나를 칠 수 있는 타자기를 말한다_옮긴이) 시대에 쓰인 책이라는 것을 제외하면 지금도 배울 점이 많다고 생각한다(이 책은 1969년에 출간되었다_옮긴이). 그 가나타입 라이터마저도 책이 출간된 당시에는 쓰는 사람이 거의 없었던 게 아닌가 싶지만 말이다.

다나카 미치타로는 그리스 고전을 읽을 때 텍스트를 해석해 노트에 적어둔다고 말했다. 나도 학창 시절에는 강독하거나 연습 문제를 풀 때 사전에서 찾은 단어의 뜻과, 필요하면 번역문을 노트에 적곤 했다.

다나카는 이렇게 노트에 적어두면 그대로 잠들어버려 망각에서 다시 깨어나지 않는 경우도 적지 않지만, 연습의 일환이라고 생각하면 그것만으로도 의미가 있어서 운동선수가 매일 규칙적으로 연습하는 것과 같다고 했다(다나카 미치타로 전집田中美知太郎全集》제8권 중 〈나의 독서법私の読書法〉).

다나카의 이 글을 보고 나도 부지런히 매일 책을 읽고 생각한 것을 끼적였는데, 문제는 쓴 것을 나중에 써먹지 못한다는 점이었다.

우메사오의 카드도 처박아두면 의미가 없다. 지적 생산을 위해 카드를 활용하지 않으면 안 된다.

내가 학생일 시절에는 종이에 수기로 적었기 때문에 검색하고 싶어도 그럴 수 없었다. 다나카의 말을 빌리자면 '언제 쓸모가 있을지 모르는 글이라도 개미가 식물을 운반하듯이 일종의 축적을 하는' 것으로 끝내지 않으려고 카드를 정렬하는 등 이런저런 방법을 모색해봤지만 소용없었다. 지금은 컴퓨터로 쉽게 검색해 축적된 데이터를 활용할 수 있게 되었다. 나는 지금 에버노트(Evernote)와 스크랩박스(Scrapbox)를 사용하고 있다.

검색하면 막대한 데이터로부터 순식간에 필요한 지식을 불러낼 수 있다. 물론 이렇게 할 수 있다고 해서 누구나 연구자가 될 수 있는 것은 아니다.

지식이란 앞서도 보았듯이 가질 수가 없다. 불현듯 떠오르는 것에서도 알 수 있듯이, 나는 새를 그물로 잡아서 어딘가에 가두려고 하는 것이나 다름없다. 그물로 한 번에 잡을 수 있는 새의 수는 한정되어 있으므로 새를 잡으면 통에 넣어야 한다. 뭔가를 떠올린다는 것은 통 안에 넣어놓은 새를 문득 떠올리는 느낌이다. 노리던 새는 놓치고, 생각지도 못한 새가 그물 안에 잡혀서 그걸 통 안에 넣을 때도 있다. 모든 걸 의식적으로 깨닫는 것은 아니라는 뜻이다.

이렇게 갑자기 어떤 생각이 떠올랐으나 마침 '삼상'에 있을 때라면 메모하기가 어려울 것이다. 레오나르도 다빈치처럼 늘 메모장을 가지고 다녀야 한다. 요즘 시대라면 스마트폰에 입력할 수도 있다. 잠시 후 다시 말하겠지만, 나는 갑자기 떠오른 생각을 메모할 때 음성 입력 기능을 자주 사용한다.

어디에 쓸모가 있을지만을 생각하면 책 읽기가 재미없어진다. 하지만 책을 읽거나 뭔가를 할 때 문득 아이디어가 샘솟으면 마음이 설렌다.

책은 읽기만 해서는 안 되고, 읽은 내용을 데이터베이스화하는 것으로도 충분하지 않으며, 그것을 바탕으로 자신의 생각을 써서 발표하거나 적어도 글로 남겨야 한다고 생각하는 사람도 있다.

그런데 이게 꼭 필요한 일인가 하면 그렇지는 않을 것이다. 재미를 위해서 책을 읽으려는데 글을 써야만 한다고 생각하면, 오히려 그것이 독서의 재미를 앗아갈 것이다.

재미를 위해 읽는 책이라면 노트 필기나 카드 작성 등은 염두에 두지 않아도 된다. 하지만 지식을 얻는다거나 직접 써보면서 이해하려는 것이 목적이라면 읽는 것만으로는 충분하지 않다.

초등학교 6학년일 때, 어느 날 담임 선생님으로부터 어떤 책의 독서 감상문을 그날 안으로 써서 가져오라는 전화가 왔다. 왜 그런 요구를 하셨는지 기억나지는 않지만, 다음 날 가져가야 하니 전화를 끊고 나서 바로 책을 읽어야만 했다. 선생님은 아마도 내가 전에 읽은 책이라서 바로 감상문을 쓸 수 있을 거라고 생각했는지도 모른다. 하지만 나는 감상문을 쓰기 위해 다시 한 번 책을 처음부터 읽어야 했다.

덕분에 나는 그날 밤을 세웠다. 언제까지 쓰면 되는지를 내가 정확히 묻지 않은 것이 문제였는지도 모른다. 선생님이 설마 초등학생에게 밤을 새워 감상문을 쓰게 하려고 의도하지는 않았을 것이다.

책을 읽는 것과 그에 관한 감상문을 쓰는 것은 완전히 별개의 일이다. 감상문을 쓰는 것이 무의미하다고 생각하지는 않지만, 책 읽는 걸 좋아하지 않으면 본전도 찾지 못한다. 감상문을 쓰다가 책을 싫어하게 될 수도 있다는 말이다.

책을 읽기만 해도 괜찮지만, 그저 읽는 것에서 그치지 않고 읽은 것에 대해 쓰고 싶어 하는 사람도 있을 것이다. 읽는 것과 쓰는 것은 별개의 일이라서 읽는다고 다 쓸 수 있는 것은 아니다.

　내 은사님 중 한 분은 자신이 직접 쓴 것만 이해할 수 있다고 말씀해주셨다. 읽는 것뿐 아니라 써봐야 얼마나 이해했는지 알 수 있다. 영어 공부를 할 때, 쓸 수 있는 것만 말할 수 있다고 말해준 선생님이 계셨는데, 정말로 그렇다고 생각한다.

　책을 읽고 어떤 지식을 얻는 게 아니라, 책을 읽음으로써 어떤 식으로든 성장하려고 한다면 책에 나온 것을 기록하기만 해서는 충분하지 않은 것 같다.

　스스로 생각할 수 있게 되려면 읽는 것보다 쓰는 것이 필요하다. 시몬 베유(Simone Weil)*는 커리큘럼도 없이 교과서를 옆으로 치워놓고 진실로 배워야 하는 사안에만 학생들이 노력을 기울일 수 있도록 했다고 전해진다.

　지금은 대학에서 강의를 하려면 실러버스(silabus, 강의계획표)를 적어내는 것이 의무화되어 사전에 어떤 강의를 할지 정하지 않으면 안 된다. 학생과 토론을 하면 당연히 그날 예정했던 강의를 못하게 되는 경우도 있을 것이다. 1년 동안

●　1909~1943년. 프랑스의 사상가. 유대인 집안에서 태어나 고등사범학교 졸업 후 고등학교에서 철학을 가르쳤으며, 노동운동에도 관심이 많아 임금 노동자가 되기도 했다.

어떤 강의를 할지 대략적인 계획은 세울 수 있어도 매 시간 어떤 강의를 할지 사전에 자세히 정하기란 본래 불가능한 일이다. 대학이 강의계획표를 교수들에게 요구한 이후로 대학이 붕괴되지 않았나 하고 나는 생각한다.

베유는 커리큘럼도 없이 교과서를 펼치지도 않고 강의를 했는데(베유의 철학 강의록이 남아 있다), 매일 두 시간씩 주제를 정해 학생들에게 글을 쓰도록 했다. 그 글들이 잘 마무리되었을지는 모르겠지만, 그 시간만이라도 생각에 잘 집중하고 글을 썼다면 사고력이 생겼을 것이다.

쓰는 것과 읽는 것의 연관성을 말하자면, 글을 써서 발표할지 말지와는 상관없이 글을 쓰면 책 읽는 자세가 달라진다. 읽을 때도 수동적으로 책 내용을 이해하려고 하는 것이 아니라, 저자의 사상을 스스로 검증해보거나 저자의 사유에 자극을 받아 스스로 생각할 수 있게 되기 때문이다.

내게 맞는
아웃풋 방법을 찾아라

우메사오 다다오의 《지적 생산의 기술》을 읽을 무렵에는 원고와 일기를 전부 손으로 썼다. 종이에 쓰는 것 말고는 달리 방법이 없었기 때문이다. 볼펜이나 만년필을 사용했는데, 내가 쓴 글씨가 어떨 때는 알아보기 쉽고 어떨 때는 알아보기 어려워서 싫었다.

타자기라면 늘 똑같이 쓸 수 있겠지 싶어 타자기가 갖고 싶어졌다. 그래서 대학생이 되자마자 타자기를 샀다. 하지만 나중에 구입한 전자 타자기와는 달리 손으로 쳐야 하고 힘을 주는 강도에 따라 글자의 찍히는 농도가 달랐다.

처음에 산 타자기는 독일어도 프랑스어도 칠 수 있었다. 물론 대학생이 되었다고 바로 독일어도 프랑스어도 읽고 쓸 수 있게 된 것은 아니어서 실제로 타이핑하게 될 때까지는 상당한 시간이 걸렸다.

이윽고 전자 타자기를 구해서 그걸 애플 투씨(Apple IIc, 1984년 4월에 애플에서 발매한 휴대용 올인원 컴퓨터_옮긴이)의 프린터 대신 사용했다. 맥(Mac)을 구입하기 이전의 일이다. 애플 투씨라고 하면 아는 사람이 별로 없을 거라 생각하는데, 1985년 아서 클라크의 소설 《2010 스페이스 오디세이》가 영화화되어 개봉되었을 때 이 컴퓨터가 등장했다(1984년 피터 하이암스 감독이 '2010 우주 여행'이란 영화로 개봉했는데, 1985년은 일본 개봉 시점으로 여겨진다_옮긴이). 설마 2010년에 이 컴퓨터가 쓰이지 않을 것이라고는 생각지 못했던 것이다. 일본어를 쓸 수 없어서 로마자밖에 치지 못했지만, 그 무렵 읽었던 연구서와 연구 논문 대부분은 로마자로 쓰인 터라 충분히 실용적이었다.

박사 논문은 원고용지로 100장 썼는데, 손으로 또박또박 쓰느라고 한 시간에 두 장인가 세 장밖에 쓰지 못했다. 제출 후 며칠 동안 손이 저려 혼났다. 지금이라면 몇 부씩 출력하면 간단할 테지만.

직접 또박또박 바르게 써야 한다고 생각해서 엄청나게 고생했는데, 나중에 사람 몇 명을 섭외해 써달라고 부탁한 사람이 있었다는 이야기를 듣고 그런 방법도 있구나 싶어 감탄했다. 깔끔하게 쓰면 좋겠지만, 내용이 더 중요하다고 생각해서 또박또박 쓰는 데 시간을 들여야 한다는 게 이해되지 않는다.

이때 하도 고생해서 박사과정에 들어가고 나서는 워드프로세서 전용기를 구입했다. 그 후에는 맥을 샀는데, 그러면서 나의 '지적 생산'은 급속도로 디지털화되었다. 지도 교수에게 "자네한테 워드프로세서는 필수로구먼"이라는 말을 들을 정도로 내 필체는 판독이 곤란한 지경이었다.

박사 논문을 쓸 때는 종이와 가위, 풀을 가지고 요새 말하는 카피 앤드 페이스트(Copy & Paste, 복사와 붙여넣기)를 했다. 일단 작성해둔 논문 초고에서 몇 군데를 가위로 오려 원고용지에 붙이는 것이다.

처음에는 논문을 깔끔하게 작성하려고 워드프로세서 전용기를 썼는데, 이내 내 관심은 컴퓨터로 옮겨갔다. 카피 앤드 페이스트를 컴퓨터로 직접 해보고 싶었기 때문이다.

처음에는 내 식대로 타이핑을 했다. 내 식대로 쳐도 속도는 빨랐지만, 어느 날 결심하고 정식으로 타이핑을 배우기 시작했다.

그때까지는 내 나름대로 빨리 친다고 생각했는데, 제대로 하려니 잘 안 되었다. 돌이켜 생각하면 시간이 좀 걸려도 정식으로 타이핑하는 법을 배워 키보드를 보지 않고 치게 된 것이 원고를 쓰는 데 도움이 되었다.

최근에는 책을 읽으면서 사야 할 것이나 생각난 것이 떠오르면 음성 입력 기능을 사용한다. 나는 키보드를 제법 빠르게 치는데, 음성 입력 기능을 사용하면 그보다 더 빨리 입력할 수 있다.

원고를 쓸 때도 음성 입력 기능을 자주 사용한다. 평상시에는 아니고 원고를 쓰기 시작할 때 그렇게 한다. 원고를 처음부터 각을 잡고 쓰려고 하면 잘 안 써지는 경향이 있다. 생각이 떠오르지 않을뿐더러 쓰는 게 너무 부담스럽게 느껴지기 때문이다. 어쨌거나 말로 하면 내용이 좋든 나쁘든 당장에 많이 쓸 수 있다. 거기에 글을 첨삭하면 차츰 원고의 형태가 된다. 그 과정은 때때로 고통스럽지만, 원고가 완성되었을 때는 성취감이 든다.

지금은 음성 입력 기능을 사용하면 일하는 속도가 몰라보게 빨라져서 자주 사용한다. 음성 입력 기능은 꽤 일찍부터 다양하게 시도해보았다. 초창기에는 실용성과는 거리가 있었으나, 여전히 개선의 여지는 있어도 최근에는 제법 정확하게 글로 변환되어 사용하지 않으면 손해다.

　도스토예프스키가 소설 원고를 집필할 때 자신이 구술하는 것을 받아 적게 했다는 이야기를 듣고, 아하 그래서 장편소설을 쓸 수 있었구나 하고 납득했다. 받아 적은 아내는 고생이 이만저만 아니었을 것이다. 그런 점에서 스마트폰이나 컴퓨터는 나무랄 데가 없다.

내가 글을 쓰는
방법

　논문을 발표하거나 책을 출간하는 사람은 많지 않
겠지만, 이제 누구나 인터넷에 쉽게 글을 올릴 수 있는 세상
이 되었다.

　책을 읽는다는 것은 그 자체로 완결된 행위다. 읽은 책에
대한 글을 쓰는 게 의무가 되면 책을 읽는 재미를 잃게 된다
고는 앞에서도 말했다. 그럴 때, 가까운 사람에게 얘기해주
는 느낌으로 독서 감상문을 정리하여 인터넷에 올리면 많
은 사람이 볼 수 있다.

　다만 글을 쓴다는 건 그리 간단하지가 않다. 소포클레스

는 사고에 대해 "바람처럼 빠르다"라고 했다. 그 빠른 사고를 문장으로 남기지 않으면 자기 내면의 사고를 누구와도 공유하지 못한다. 그렇다고 '바람처럼 빠르게' 글을 쓴다고 해서 바로 원고가 되는 것은 아니다.

먼저 생각난 것을 노트나 수첩에 적는다. 한 페이지에 한 항목씩이라는 원칙을 세우고 적어두면 나중에 다시 보기 편하다. 지금은 적어둔 걸 컴퓨터에 저장할 수도 있고, 검색하면 바로 불러올 수도 있다.

적어두거나 저장해둔 것을 여러 번 다시 보면 또 새로운 발상이 떠오른다. 그러면 그걸 다시 적어두고 저장한다.

이를 바탕으로 글을 쓰면 되는데, 나는 이 시점에는 아직 생각이 정리되지 않아서 아웃라이너(Outliner, 목차를 짤 때 트리 형식으로 항목을 만드는 편집 프로그램_옮긴이)를 사용한다.

적어둔 것이나 그 외의 떠오른 생각을 순서에 상관없이 써 내려간다. 예를 들면 다음과 같은 식이다.

- 생각난 걸 메모한다
- 밑줄을 친다
- 책을 읽을 때 뭔가 떠오른다
- 메모를 다시 본다

이를 정렬해 더 보충해서 쓴다.

- 책을 읽을 때 뭔가 떠오른다
  - 밑줄을 친다
    - 중요한 부분이 아니라도 좋다
    - 재미있다고 생각한 부분에
  - 메모를 한다
    - 재미있다고 생각한 걸 적는다
    - 메모를 다시 본다
      - 메모를 보고 떠오른 생각이 있으면 적어둔다

이러면 카피 앤드 페이스트를 하는 게 아니라 한 줄을 아예 그대로 드래그하여 다른 곳으로 이동시킬 수 있다(워크플로위[Workflowy, 목록형 메모 애플리케이션_옮긴이]의 경우). 이렇게 조금씩 생각을 정리해가면, 머리로 생각한 걸 눈에 보이게 가시화할 수 있다. 각각의 표제에 더 자세히 글을 보충해 써내려간다. 그러면 머지않아 전체 구성이 보인다.

어디에서나 글을 쓸 수 있어서 글 쓸 때의 부담이 줄어든다. 짧은 글이라면 워드 프로세서로도 쓸 수 있지만, 긴 글이라면 반드시 아웃라이너를 이용한다. 이 책도 이런 식으로 썼다.

명문을 쓰려고 할 필요가 전혀 없다. 이런 과정을 거치면 쓰기 전에 무엇을 쓸지 생각을 정리해가는 기쁨을 느낄 수 있다.

누가 시켜서가 아니라 책을 읽고 거기에서 촉발되어 뭔가를 생각해내고, 그 생각을 글로 정리하는 것은 내게 있어 더할 나위 없이 행복한 일이다. 마감이 없으면, 이라고 말하고 싶지만 마감이 있어서 긴장감 있게 쓸 수 있는 것도 사실이다.

책도 인생도
서두르지 않고 천천히

지금까지의 인생을 돌아보면, 글을 배운 이후 활자를 보지 않은 날은 거의 한 손으로 꼽을 수 있을 정도다. 그만큼 독서는 내 인생의 일부나 다름없다.

10년 전쯤 심근경색으로 쓰러졌을 때, 한 달간 입원해야 한다는 의사의 소견을 듣고 생명의 위험에서 완전히 벗어난 것도 아니었는데 이걸로 얼마 동안 독서에 전념할 수 있겠다며 기뻐했다.

아무리 상태가 나빠도, 단 한 발짝도 나가지 못하는 한이 있더라도 최소한 집에서 책을 쓸 수 있는 정도로만 회복

시켜달라고 부탁했다는 것은 본문에서 말한 그대로다. 밖에 나가지 못해도 책만 읽을 수 있다면 그것만으로도 썩 괜찮을지 모르겠다고 생각했다. 입원하느라 출강하지 못하게 된 학교로부터 기다리고 있으니 어떤 상황에서든 꼭 복귀해달라는 요청이 왔다.

다행히 빠르게 회복해 학교에 복귀했는데, 이번에는 아버지가 치매에 걸려 간병하는 신세가 되었다.

머지않아 아버지는 쇠약해지셨고, 식사를 할 때 이외에는 거의 주무시는 걸로 시간을 보냈다. 나는 그런 아버지 곁에서 내내 책을 읽었다.

무라카미 하루키의 《1Q84》를 푹 빠져 읽었던 기억이 난다. 눈을 혹사해서인지 심하게 충혈되었다. 수술 후 나는 와파린이라는 혈액응고제를 복용해서 한번 충혈된 눈은 좀처럼 원래대로 돌아오지 않았다. 그래도 책을 손에서 놓지 않았다.

주어진 현실만 보면 내가 병에 걸렸을 때도, 아버지를 간병해야 했을 때도 절망했을지 모른다. 하지만 책을 읽음으로써 현실을 뛰어넘을 수 있었다. 이는 현실도피라기보다는 책을 읽을 때 느끼는 기쁨과 생명의 고취가 현실을 헤쳐 나가는 힘이 된다는 뜻이다.

발밑만 보고 있으면 주어진 현실을 뛰어넘기가 힘들다. 하지만 책을 읽으면 현실을 약간 거리를 두고 바라볼 수 있다.

이렇게 독서는 내게 역경을 헤쳐 나가는 힘이 되었다. 간혹 마음이 약해질 때면 앞으로 대체 얼마나 살 수 있을지, 죽는 날까지 몇 권의 책을 읽을 수 있을지를 생각했다.

앞으로 살날이 얼마 남지 않은 것도, 읽을 수 있는 책의 권수에 한계가 있는 것도 내 힘으로는 어떻게 할 수가 없기에 사실 그런 생각을 해봤자 다 부질없는 짓이다. 오래 산다고 한들 아버지처럼 책을 읽지 못하게 된다면 그건 그것대로 문제고.

이러한 삶의 유한함에 어떻게 대처해야 할까. 지금은 이렇게 생각한다.

읽을 시간이 한정되어 있다고 해서 짧은 시간에 가급적 많은 책을 읽으려고 하지 않는다. 내게는 독서 또한 삶의 일부라서 책을 어떻게 읽느냐는 인생을 어떻게 사느냐와도 무관하지 않다.

출퇴근과 등하교를 예로 들어보자. 목적지에 가능한 한 빠르게, 그리고 효율적으로 도착하지 않으면 안 된다. 인생을 살 때도 목표를 세우고 가급적 그 목표를 효율적으로 달성해야 한다고 생각하는 사람이 있다.

그렇게 생각하는 사람은 책을 읽을 때도 한정된 시간 안에 가능한 한 빨리 많이 읽으려고 한다.

하지만 속독은 책을 읽는 유일한 방법이 아니다. 그렇게 책을 읽으면 자칫 읽는 즐거움과 기쁨을 잃을지도 모른다고 여러 번 언급했는데, 많은 책을 효율적으로 읽기보다는 한 권 한 권 천천히 음미하며 읽는 게 나을 수도 있다.

천천히 읽으면 많은 책을 읽지는 못할 것이다. 하지만 누군가와 함께 즐거운 시간을 보내는 동안에는 언제 다시 만날지를 생각하지 않듯이, 책을 읽을 때도 그 순간순간 읽는 책에 관해서만 생각한다. 앞으로 몇 권 더 읽을 수 있을지는 큰 문제가 되지도 않는다.

천천히 읽으면 앞만 보고 질주하듯이 읽을 때에는 보이지 않던 부분이 보인다. 인생을 살아갈 때도 서두르지 않고, 앞으로 얼마나 살 수 있을지 헤아리지 않는다면 인생이 다르게 보일 것이다.

당장에 생활 방식을 바꾸기란 쉽지 않지만 독서 방식을 바꾸는 것이라면 얼마든지 가능하다.

나는 이 책에서 많은 책을 읽으려고 하지 말라거나 무언가를 얻기 위해 책을 읽지 말고, 책 읽는 것 자체를 즐기라는, 요컨대 책을 어떻게 대할 것인가에 관해 지금껏 내가 읽어온 책들을 예로 들어 생각해보았다.

나는 오랫동안 철학 공부를 해왔기 때문에 예로 든 책이 일반적이지 않아서 꼭 한 번 읽어보라고 권할 생각은 없다. 외국어로 된 책을 읽는 것도 일반적이지 않겠지만, 지금까지 읽어본 적 없는 책을 읽는 계기가 되었으면 하는 마음에 언급했다. 이번 기회에 지금껏 한 번도 접해보지 못한 언어를 배우는 기회라고 생각해준다면 저자로서 그보다 더한 기쁨은 없을 것이다.

젊은 시절부터 선인(先人)들이 쓴 독서론을 남부럽지 않게 읽었지만, 내가 쓰게 되리라고는 꿈에도 생각해보지 않았다. 포플러사의 무라카미 슌스케(村上峻亮) 씨를 만나지 않았더라면 이 책은 세상에 나오지 못했을 것이다. 집필 과정에서 교토에까지 여러 번 찾아와 유익한 조언을 아끼지 않은 무라카미 씨에게 감사드린다.

기시미 이치로

지금껏 읽어온 책 중 내 인생에 큰 영향을 준 책들을 정리해보았다. 내게 공명을 일으켜 삶을 음미하게 하고 새로운 발견을 하게 하고 경험을 넓혀 준 책들이다.

이토 세이 저, 《젊은 시인의 초상》

시인, 작가와의 교우를 그린 이 책은 문학에 대한 내 마음에 불을 지폈다.

세리자와 고지로 저, 《인간의 운명》(전 7권)

내게 영향을 받은 어머니가 열심히 읽으셨다. 어머니가 돌아가신 후 유품으로 달라는 요청이 있어서 전권 중 몇 권인가를 보내고 오랜 기간 다시 읽지 못했으나 최근 전권을 사서 구비해놓았다.

헤이본사 간, 《철학사전》

대학원 시험을 보기 위해 빨간 펜으로 줄을 그어가며 읽었다. 신뢰할 수 있는 책이어서 시험이 끝나고 나서도 여러 번 이 책을 참조했다. 본래 시험을 위해 읽는 책은 아니다.

마르크스 저, 《경제학 비판》 서문

선생님과 함께 서문만 읽었다. 토요일 오후 수업을 마치고 선생님에게 개인 수업을 받았는데, 원래 하기 드문 체험인지라 꿈속에서 일어난 사건이 아니었나 싶은 기분마저 든다. 실제 썼던 프린트의 제목은 '청년에게 - 헤겔학파(마르크스의 사적유물론)'였다.

나카자와 고키 역, 《세계의 명저 12성서》 중 〈창세기〉와 〈출애굽기〉

그리스 철학을 배우기 전에는 유대교 연구를 하려고 했다. 《구약성서》로 헤브라이어 공부를 했는데 신의 목소리를 직접 듣는 느낌이었다.

에마뉘엘 레비나스 저, 《전체성과 무한》

심근경색으로 입원했을 때 읽은 책 중 하나다. 퇴원 후 이 책을 주제 삼아 열심히 글을 썼으나 끝내 출간하지는 못했다. 지금도 아쉬움이 남는다.

후쿠나가 다케히코 저, 《죽음의 섬》(상·하권 세트)

사랑하는 두 여자가 동반 자살을 했다는 소식을 들은 주인공이 히로시마로 달려간다는 이야기를 중심으로 전개되는 소설이다. 인간은 파국을 맞이할 때 어떤 태도를 보이는가를 생각해볼 수 있다.

하라 다쿠야 역, 《카라마조프 가의 형제들》

어머니가 병상에서 읽으신 책이다. 러시아어로 읽고 싶었지만 지금껏 배울 기회가 없어서 번역서로 읽을 수밖에 없었다. 처음에 읽었던 번역서가 마음에 들어 그 후에 나온 번역서로 읽었을 때에는 다소 어색한 느낌이 들었다.

라이너 마리아 릴케 저,《말테의 수기》

독일어 중급반에서 읽은 책이다. 문법도 알았고, 사전을 찾아서 해석할 수도 있었는데, 내용을 조금도 이해하지 못해서 놀랐다. 릴케를 이해할 만한 인생 경험도 지혜도 아직은 없었던 것이다.

모리 아리마사 저,《바빌론 시냇가에서》(모리 아리마사 전집 1)

파리에서 객사한 모리의 저작은 몇 번이나 읽었는지 모른다. 마로니에의 어린나무가 자라듯이, 거룻배가 센 강을 거슬러 올라가듯이 천천히 배우는 것의 중요함을 깨달았다.

쓰지 구니오 저,《어느 생애의 7가지 장소》중〈안개의 성 마리(霧の聖マリ)〉

소설을 쓰고 싶어서 쓰지의 연작 단편 중에서 마음에 든 표현을 카드에 필사해가며 읽었다.

에리히 프롬 저,《자유로부터의 도피》

고등학생 시절 알게 된 프롬은 이후 내게 지대한 영향을 끼쳤다. 지금도 가장 많이 인용하는 사상가 중 한 명이다.

사토 하루오 저,《아름다운 마을》(신일본소년소녀문학전집 14 사토 하루오 편)

사토 하루오의 단편으로 이상적인 '아름다운 마을'을 짓는 이야기다. 어린 시절에는 푹 빠져서 읽었는데, 어른이 되고 나서 다시 읽으니 그렇게 재미있게 느껴지지 않았다.

플라톤 저, 《법률》

플라톤이 죽기 전에 집필한 미완의 대작으로 독서회에서 8년에 걸쳐 읽었다. 독서회에서든 대학 강습에서든 그리스어 한 글자 한 글자를 소홀히 하지 않고 정확하게 읽는 법을 배웠다.

후지사와 노리오 저, 《플라톤의 철학》(이와나미 신서)

스승인 후지사와 노리오가 집필한 플라톤 철학 입문서다. 믿음이 가는 신서를 읽는 것은 고전을 읽을 때에도 유용하다.

우메사오 다다오 저, 《지적 생산의 기술》

컴퓨터 등이 없었던 시대에 쓰인 책이지만, 지금 읽어도 조금도 뒤떨어진 느낌이 들지 않는다. 학창 시절 이 책에서 소개된 '카드'를 활용해 논문을 썼다.

무라카와 겐타로 편저, 《세계의 역사 2 그리스와 로마(世界の歷史 2 ギリシアとローマ)》

고등학생 시절 이 《세계의 역사》 시리즈 16권을 독파했다. 2권 《그리스와 로마》를 재미있게 읽은 것이 후에 그리스 철학을 배우는 하나의 계기가 되었다.

마르쿠스 아우렐리우스 저, 《명상록》

스토아 철학자이기도 한 로마의 황제 마르쿠스 아우렐리우스가 정치가로서 격무 틈틈이 써내려간 성찰의 기록이다.

다다 마사유키 저, 《사고 훈련의 장으로서의 영문 해석》

고등학생 시절, 통신첨삭으로 영어 공부를 했을 때 선생님의 강평을 읽고 얼마나 영어를 못 읽는지 통감했다. 이 책은 강평을 엮은 것이다.

노마 히데키·김진아 공저, 《뉴익스프레스 한국어》

외국어를 배울 때는 제일 먼저 해당 언어에 대해서 알아야 한다. 그다음으론 사전을 찾을 수 있어야 한다. 이 책을 보면 그 수준까지 바로 도달할 수 있다.

김연수 저, 《청춘의 문장들》

처음에는 독서라기보다는 해독에 가까울 정도로 시간이 걸렸다. 일하지 않고 하루 종일 읽고 싶을 정도로 좋아하는 김연수 작가의 에세이집이다.

옮긴이 **전경아**

중앙대학교를 졸업하고 일본 요코하마 외국어학원 일본어학과를 수료했다. 이야기가 긴박하게 전개되는 사회파 미스터리와 주인공의 자조적 유머가 돋보이는 하드보일드 소설, 주인공과 주변 사람들의 일상을 잔잔하게 그려내는 옴니버스 형식의 만화를 좋아하지만, 재미난 이야기라면 장르를 가리지 않고 좋아한다. 현재 출판 번역 에이전시 베네트랜스의 전속 번역가로 활동하면서 재미있고 좋은 책을 소개하려고 노력하고 있다. 옮긴 책으로 《미움받을 용기》《미움받을 용기 2》《아무것도 하지 않으면 아무 일도 일어나지 않는다》《나를 위해 일한다는 것》 등이 있다.

내가 책을 읽는 이유
기시미 이치로의 행복해지는 책 읽기

초판 1쇄 2020년 7월 15일

지은이 | 기시미 이치로
옮긴이 | 전경아

발행인 | 문태진
본부장 | 서금선
책임편집 | 김혜연   편집 1팀 | 김혜연 송현경

기획편집팀 | 이정아 박은영 김예원 오민정 정다이 허문선   저작권팀 | 박지영
마케팅팀 | 이주형 김혜민 김은지 정지연   디자인팀 | 김현철
경영지원팀 | 노강희 윤현성 정헌준 조샘 김상연
강연팀 | 장진항 조은빛 강유정 신유리

펴낸곳 | ㈜인플루엔셜
출판신고 | 2012년 5월 18일 제300-2012-1043호
주소 | (06040) 서울특별시 강남구 도산대로 156 제이콘텐트리빌딩 7층
전화 | 02)720-1034(기획편집) 02)720-1024(마케팅) 02)720-1042(강연섭외)
팩스 | 02)720-1043   전자우편 | books@influential.co.kr
홈페이지 | www.influential.co.kr

한국어판 출판권 ⓒ ㈜인플루엔셜, 2020

ISBN 979-11-89995-94-2 (03100)